New 평생성적, 초등4학년에 결정된다

New 평생성적, 초등 4학년에 결정된다

지엠에듀
GM EDU

평생성적, 초등4학년에 결정된다

초판 1쇄 인쇄 2019년 9월 5일 인쇄
초판 1쇄 발행 2019년 9월 9일 발행

저　자 김강일, 김명옥
펴낸곳 지엠에듀
펴낸이 김강일

주소 서울특별시 양천구 목동동로12길 20, 202호
전화 02-2654-2588
팩스 02-2654-2544
메일 gmedu1@naver.com

출판신고 2017년 8월 17일 제 2017-000047호

ISBN 979-11-962480-2-4 03000

흔들리지 않는 확고한 신념의 길

6학년, 3학년 두 아들을 키우고 있던 2012년 가을, 브런치에듀의 한 강의를 통해 김강일 원장님을 알게 되었습니다.

입시위주의 한국 교육이 싫었지만 뚜렷한 교육관은 없었고, 아이들에게 예체능 등 다양한 문화 활동에 비중을 두어 정서적인 안정감을 갖도록 해 주었지만 학습에 대한 의지나 욕구는 갖추어주지 못한 상태였습니다.

이후 김강일 원장님의 강의를 한차례 더 듣게 되었고, 중학교 진학을 앞둔 큰 아이의 상태가 궁금해 테스트를 보게 되었습니다. 단순히 글쓰기를 좋아하지 않는 정도라고만 생각했었는데 결과는 아주 참담했습니다. 또래 아이들이 하는 만큼은 시켰는데 학습을 위한 기본적인 준비가 전혀 되어 있지 않은 상태였던 것입니다.

갑자기 마음이 분주해졌으나 원장님의 교육방법을 통해 변화된 아이들의 사례를 듣게 되었고, 격려와 희망의 메시지를 통해 믿고 아이를 맡기게 되었습니다.

글이라고는 일기 쓰는 것도 싫어해 매일 거의 같은 내용의 문장 두세 줄 겨우 쓰는 정도였는데 중학교 첫 시험에서 국어에 가장 높은 점수를 받아왔습니다.

점수를 떠나서 두 분을 믿고 따르며 변화되는 아이의 모습이 놀라웠고 감사했습니다.

치열해지고 급변하는 시대 가운데 두 분의 우직한 교육관이 시대에 뒤떨어지는 것이 아닌가 조바심이 든 적도 있었지만 두 자녀를 키운 경험, 오랜 기간 아이들을 가르치며 쌓은 연륜과 사명감으로 결실을 맺는 것을 보며 부끄러운 마음이 들었습니다.

이제는 이 책을 통해 변화된 아이들이 그 다음 세대들을 향해 꿈을 품고 갈 때가 되었네요.

김강일, 김명옥 선생님!

좋은 책 써주셔서 감사드리고, 저희 두 아이의 멘토가 되어주셔서 감사드립니다.

흔들림 없이 가는 확고한 신념의 길 가운데 풍성한 열매 가득하시길 기대합니다.

2019년 6월
김소연(중국 복단대학 신문방송학과 1학년 고준 학생 어머니)

꿈을 찾은 소중한 시간

자고 나면 생기는 수많은 학원 중에 내 아이 성적 올려주는 곳이 당연히 최고의 학원이라고만 여겼던 제게 김강일, 김명옥 두 분 선생님의 아이들에 대한 교육철학이 많이 남다름을 느꼈습니다. 공부는 학원에서 하는 거라는 고정관념에서 부모의 역할이 아이들에게 얼마나 많은 영향을 주는지 그리고 스스로 공부할 수 있게 도와주는 환경, 부모와 아이와의 사소한 관계까지도 얼마나 중요한 요소가 되는지를 알게 되었습니다. 무엇보다도 인성교육을 중요하게 여기는 점이 너무나 좋았는데 그래서인지 학원을 방문할 때마다 느낀 것은 마주치는 아이들의 표정이 하나같이 밝고 행복해 보였다는 것입니다. 선후배 선생님들과도 형, 누나처럼 격이 없어 보였고 수업 분위기도 가르치고 듣는 딱딱한 분위기가 아닌 즐거운 수업 함께하는 수업처럼 느껴졌고 형규가 학원가는 것을 좋아하는 이유를 알 것 같았습니다.

형규가 두 분 선생님의 지도를 받으며 성격도 밝아지고 무너졌던 자존감도 회복하고 공부의 습관도 많이 좋아졌습니다. 때로는 저보다도 더 가슴 아파해주고 더 기뻐해주며 10년 넘는 긴 시간 동안 형규를 지도해주신 두 분께 항상 감사했습니다.

꿈이라는 것이 생기고 자신이 하고 싶은 것이 생기는 형규를 보며 기다림이 얼마나 중요한지를 알았습니다. 형규도 다른 친구들처럼 분명히 많은 성장을 하고 있었는데 엄마인 저는 보고자 하는 것만 보다 보니 항상 부족하고 공부도 열심히 하지 않는다고 잘못된 시각으로 바라보고 있었습니다. 형규와 선생님의 헌신적인 노력은 고등학교에 들어가면서 커다란 성과를 나타냈습니다. 학교생활에 적극적이고 교내 대회에 나가 상도 받고 부과대도 맡으며 스스로 결정하고 노력해 가며 더 많은 것들을 성취해가며 자신감도 생기고 학교생활도 즐겁게 보내게 되었습니다.

글짓기 대회 전교 1위라는 말을 들었을 때 예전에 글쓰기 수업을 다들 접을 시기에 틈틈이 계속하는 게 어떠냐는 김명옥 선생님의 권유로 계속하기 참 잘했구나 하는 생각이 들었습니다.

항상 최고의 칭찬을 아낌없이 해주시고 어떤 일이든 자신감을 갖고 끝까지 해내도록 응원 해주시고 지켜봐 주시는 선생님들이 계시고 또 열심히 노력하는 형규이기에 더 이상의 걱정은 하지 않고 모든 것을 맡기기로 마음먹었습니다.

대학 중간고사를 마치고 온 형규에게 꿈을 물어봤는데 가르치는 일을 하고 싶다고 하네요. 형규가 가장 존경하는 분이 김강일 선생님과 김명옥 선생님이라고 말하곤 했는데, 두 분 선생님의 영향이 컸던 것 같습니다. 열심히 기도하며 응원해주고 싶습니다.

10년 넘는 긴 시간 동안 지도해주시고 아껴주시고 칭찬과 격려로 응원해주시고 이렇게 스스로 꿈을 찾아 갈수 있게 지도해주시고 대학 합격 때 그 누구보다도 기뻐해주셨던 두 분께 어떤 감사의 말씀도 부족함을 느낍니다.

늦게나마 『평생성적, 초등4학년에 결정된다』 책을 구입해서 형광펜으로 칠해가며 읽었는데 내용들이 형규와 함께 보냈어야 할 귀한 시간들을 제가 놓쳐버린 미안함과 저의 조바심과 욕심으로 형규가 많이 힘들었겠구나 하는 후회가 가슴 깊이 느껴졌습니다.

두 분 선생님의 교육철학이 고스란히 담긴 이 책이 많은 부모님들께 저처럼 늦은 후회가 없도록 다시 한 번 읽혀질 수 있는 기회가 오기를 희망해 봅니다. 두 분 선생님의 아이들에 대한 사랑과 열정이 얼마나 큰지 느껴지는 책이었습니다.

김강일 선생님, 김명옥 선생님 진심으로 감사합니다.

2019년 6월
이신애(부산대학교 바이오환경 에너지학과 1학년 이형규 학생 어머니)

전인교육의 실천

저는 큰아이 미술입시로 항상 바쁜 엄마였습니다.

그래서 둘째 아이는 동네 놀이터 지킴이처럼 여유로운 시간을 보내는 아이였습니다.

큰아이 입시를 막 치르고 딱 4학년이 되던 무렵에 이제는 공부 좀 시켜야 되겠다는 생각에 무심코 들렀던 학원에서 두 분 선생님을 처음 만나게 되었습니다.

하루 이틀 다닐수록 놀이터보다 학원을 더 즐겁게 다니는 아이의 모습에 저는 항상 감사하는 마음으로 지켜만 보아왔습니다. 그렇게 지나온 세월이 10여 년이 되었습니다.

전인교육의 실천에 온 힘을 다해 애써주신 김강일, 김명옥 선생님을 비롯하여 여러 선생님의 가르침에 지금의 저희 아이가 보다 바르고 건강한 아이로 성장할 수 있었습니다.

지금은 돌이켜보면 제겐 정말 큰 행운이었던 것 같습니다.

이번에 다시 출간되는 『평생성적, 초등4학년에 결정된다』 책이 먼 미래의 우리 아이를 위해 어떻게 부모로써 도움을 주고 지켜봐 주어야 할지에 대한 훌륭한 지침서가 될 것을 믿어 의심치 않습니다.

책 출간 이후에도 앞으로도 항상 교육에 대한 열정을 보다 많은 아이들에게 나누어 주시기를 부탁드리며 그동안 베풀어주신 은혜에 진심으로 마음 깊이 감사드립니다.

2019년 6월
이병림(한양대학교 기계공학과 1학년 이상윤 학생 어머니)

자녀 공부를 고민하는
대한민국의 부모님들에게

아이들을 키우다 보면 예기치 않은 상황에 당황할 때가 있습니다.

중요한 숙제가 있다고 학교 가기 10분 전에서야 말하며 울먹이거나, 밤 12시가 넘도록 밀린 일기를 쓰는 아이의 모습은 부모의 마음을 안타깝게 합니다.

내 아이만은 제대로 키우고 싶지만, 첫 아이는 누구에게나 초보일 수밖에 없어 부모들은 어떻게 해야 할지 그 방법을 모를 때가 많습니다.

한참 세월이 지난 뒤에 '아, 이런 방법도 있었는데, 이렇게 조금만 신경을 썼더라면 아이가 좀더 재미있고 쉽게 공부했을 텐데…….' 하는 아쉬움이 남습니다.

그래서 이십 여 년간 아이들을 가르친 경험으로, 그리고 두 자녀를 키운 평범한 부모로써 실제적인 교육 방법에 대한 고민을 함께 나누고자 이 책을 쓰게 되었습니다.

이 책은 교육학원론도 아니며 '이렇게 가르쳐야 한다'라는 수필도 아닙니다.

이 책에 나오는 많은 이야기들은 우리 아이를 비롯하여 그동안 가르쳐왔던 아이들과 실제로 겪었던 일들입니다.

책이라면 만화책 보는 것이 전부였던 아이가 책을 밥보다 더 좋아하게 된 이야기, 숙제 때문에 늘 힘들어했던 아이가 부모 도움 없이 스스로 하게 된 이야기, 일기장 한 쪽을 채우는 것도 힘들어 하던 아이가 글짓기 대회에서 수상했던 이야기 등 스스로 공부하는 아이로 바뀌게 된 이야기가 이 책의 배경입니다.

우리가 직접 가르쳐보지 않고 또 부모로써 교육에 대해서 깊이 고민하지 않았다면 결코 꾸며 쓸 수 없는 이야기들입니다.

게임 중독에 빠져있던 아이가 어느새 과학 영재가 되고, 책상 앞에 10분도 채 앉아 있지 못하던 아이가 우등생이 되고, 4학년 수학 성적이 16점에 불과했던 아이가 6학년을 마칠 때에는 전과목에서 우수한 성적을 받게 되는 것을 볼 수 있었습니다.

무엇보다도 매사에 소극적이던 아이가 자신감 넘치는 아이로 변모해 가는 과정을 지켜보면서 우리가 실천하는 방법에 대해서 확신을 가지게 되었습니다.

아이들은 모두가 어마어마한 가능성을 가진 존재들이며 결국 아이들 공부는 부모하기 나름이라는 사실을 절감한 것입니다.

왜냐하면 이 모든 과정에는 반드시 부모들의 의식과 실천에 변화가 있었기 때문입니다.

그래서 부모는 자녀의 학습지도를 위해 무턱대고 남을 따라 할 것이 아니라 내 아이의 공부에 대한 기초체력은 어느 정도인지, 공부에 대한 태도는 어떤지 그리고 정서적으로 얼마나 안정되어 있는지를 먼저 살펴보아야 합니다.

그리고 내 아이가 공부에 흥미를 가지고 있는지, 흥미가 없다면 방법에 문제는 없는지를 체크해 보아야 합니다. 그러고 나서 공부를 즐겁게 할 수 있는 여러 가지 방법을 찾아주고, 집중할 수 있는 환경을 만들어 주어야 합니다.

공부에도 때가 있습니다.

적절한 시기에 시작했더라면, 특히 초등학교 4학년을 놓치지 않았다면 충분히 좋은 성과를 거둘 수 있는 아이들이 시기를 놓쳐 어려움을 겪는 모습을 많이 보아왔습니다. 그래서 아이가 4학년이라면 지금부터라도 본격적인 실력 쌓기에 나서야 합니다. 아이가 5, 6학년이라면 먼저 자녀의 상태에 대한 정확한 진단을 하고 처방을 내놓아야 합니다.

현재의 방법대로 할 것인지 대폭 수정을 해서 공부에 대한 기초체력부터 쌓아야 하는지 결정해야 하는 것입니다. 아이가 저학년이라도 아직 시간이 남았다고 여유를 부릴 것이 아니라 한 가지씩 준비를 해야 할 것입니다.

2004년 7월, 이 책이 처음 출간된 이래로 수많은 학부모님들과의 만남을 통해서도 자녀교육의 문제는 부모들이 어떻게 하느냐에 달려 있음을 거듭 확인하였습니다.

그리고 『평생성적, 초등4학년에 결정된다』 이 책이 자녀를 교육하는데 큰 도움이 되었다는 사례를 수도 없이 듣게 되었습니다.

그래서 개정된 교육과정을 반영하여 15년 만에 개정판을 출간하게 되었습니다.

누구나 어린 시절에는 많은 꿈을 꿉니다.

비록 어린 나이라 할지라도 그 많은 꿈속에서 가치를 발견하면 그것이 비전이 되고, 지식을 갖추면 목표가 됩니다.

그러나 많은 아이들이 점점 자라면서 그 많던 꿈들이 하나 둘씩 사라져가는 것을 보게 됩니다. 안타깝게도 꿈들이 사라져가면서 가치를 추구하는 것도 지식에 목말라하는 것도 같이 시들어가고 있습니다.

그렇지만 이 책을 통하여 부모와 아이들이 새로운 꿈을 꾸고, 즐거워하는 것으로 비전을 삼고, 잘하는 것으로 '목표'를 삼아 궁극적으로 꿈이 실현되기를 바라는 마음이 간절합니다.

2019년 6월
김강일, 김명옥

Contents

Contents

Contents

제3부 아이의 공부 저력 키우기

1. 아이들의 꿈 키우기

2. 스스로 공부하는 습관 만들기

3. 반듯한 아이가 공부도 잘한다

Memo

평생성적은

초등학교 4학년 때 결정된다

제1부

가장 중요한 시기,
초등학교 4학년

4학년, 불안의 시작

아이가 초등학교 4학년이 되면 부모들은 슬슬 불안해지기 시작한
다. 저학년 때는 특별히 예습, 복습을 하지 않더라도 유치원 때 배운
실력 정도로 그럭저럭 쫓아갈 수 있다. 실제로 공부에서도 우열이
드러나지 않는다.

하지만 4학년은 고학년의 시작이므로 중·고등학교로의 진학을 생
각하게 되고, 부모들 마음속에도 이제 슬슬 공부를 시켜야 하지 않
을까 하는 걱정이 생겨난다. 게다가 주변에서 만나는 많은 부모들은
이렇게 이야기한다. "4학년이 중요하다"고. 어떤 부모는 좀더 강한
어조로 이야기한다. "4학년이 정말 중요하다니까."

아이들도 4학년이 되면 확실히 학습에 부담을 갖기 시작한다. 교

과 과정 자체가 어려워지기 때문이다. 아이를 신나게 놀게 했던 부모들도 이때부터는 아이를 학원에 보낸다. 사실 4학년쯤 되면 동네에서 함께 놀 친구를 찾기 어려울 정도로 아이들 대부분이 학원에 다니니, 부모로서도 별로 선택의 여지가 없어 보인다. 이렇게 아이들이 학원에 다니기 시작하면, 초기의 불안한 마음은 어느새 기억 저편으로 사라진다.

부모의 불안한 마음은 아이가 초등학교를 졸업할 무렵에 다시 찾아온다. 앞으로 6년만 지나면 마주치게 될 대학의 좁은 문. 그리 멀게 느껴지지 않는다. 그리고 중학교에 들어가서 배치고사를 보게 될 때 부모의 불안감은 증폭된다. 배치고사는 아이들이 상대적으로 평가 받는 첫 시험이다. 초등학교 때는 상대평가를 하지 않기 때문에 시험 점수는 알 수 있었지만 아이가 몇 등이나 하는지 알기는 어려웠다. 그래서 대부분의 부모들이 이 배치고사의 결과를 보고 엄청난 충격을 받는다.

'아니 우리 아이는 공부를 곧잘 했는데, 어떻게 반에서 30등을 할 수가 있나.' '그래도 중간 정도는 되는 줄 알고 있었는데 뒤에서 5등이라니 믿을 수 없어.'

이때 비로소 자녀의 실력을 알고 부랴부랴 대책 마련에 나서지만, 기차는 이미 떠나버렸다. 물론 인생의 긴 여정에서 볼 때 이때부터 본격적으로 공부를 시작해도 결코 쫓아갈 수 없는 것은 아니다. 하지만 기본 실력이 제대로 갖추어져 있지 않은 아이들이 우등생과 경쟁하는 것은, 달리기를 처음 하는 사람이 육상 선수와 경쟁하는 것과 마찬가지 아니겠는가. 마라톤에 비유하자면 선두 그룹은 이미 10 킬로미터 지점을 한참 전에 통과하여 중반 지점을 통과하려는 상황이다. 이 상황에서 선두 그룹을 쫓아간다는 것은 거의 불가능하다. 이미 아이들 간의 우열은 초등학교 4학년 때부터 나뉘기 시작한 것이다. 다만 부모들만 모르고 있었을 뿐.

초등학교 4학년에 시작하여 성공한 아이

수진이를 처음 만난 것은 아이가 4학년에 올라간 지 얼마 안 된 어느 봄날이었다.

수진이는 겉으로 드러난 학습 태도에서는 별 문제가 없어 보였다. 숙제도 잘해 가고, 공부할 시간이 되면 어김없이 책상 앞에 앉는 아이였다. 그런데 학교 시험 성적은 60~70점대를 벗어나지 못했다. 눈여겨보니 수진이의 문제점은 공부 시간이 아니라 공부 방법에 있었다.

개념과 원리를 바르게 알고 이해하며 공부하는 것이 아니라 처음부터 무조건 외우고 문제 풀고 답을 맞추는 식으로 공부하는 아이였던 것이다. 또 정해진 공부 시간인 두 시간은 어떻게 해서든지 참고 견디었지만, 공부가 끝날 즈음이면 연필부터 필통에 집어 넣고 책상도 깨끗이 치워놓았다. 그때쯤이면 미리 약속한 친구가 문 쪽에서 빨리 나오라는 신호를 보낸다. 약속한 공부 시간을 다 채우고 쏜

살같이 친구를 향해 뛰어나가는 수진이를 부모는 야단 치지도, 그냥 두지도 못하는 상태였다.

그때부터 수진이의 과제는 공부 시간이 아니라 공부 분량을 정해 주고 그것을 다 채우게 하는 식으로 주어졌다. 하지만 이것도 좋은 효과를 거두지는 못했다. 얼른 끝내고 친구와 놀고 싶은 마음에 수진이는 수박 겉 핥기 식으로 공부하는 것이었다. 그래서 또다시 학습 작전을 바꾸어야 했다.

이번에는 공부하는 시간이나 분량에 관계없이, 틀린 것을 무조건 모두 알고 일어나기로 한 것이다. 열 번 찍어 안 넘어가는 나무 없듯이 수진이에게는 이 방법이 적중했다. 처음에는 왜 틀렸는지 문제 분석부터 했다. 분석 결과, 수진이는 다 아는 문제인데도 끝까지 읽지 않거나 주의 깊게 생각하지 않아 오답이 많이 나옴을 알게 되었다. 그래서 문제에서 요구하는 것을 먼저 생각하고, 긴 문장은 끊어서 여러 번 읽고, 그래도 잘 모르는 것은 참고서를 찾아 살펴보게 하였다. 또 오답 노트를 만들어 철저히 정리하고, 정리한 것을 친구들에게 설명하게 하였다. 기초가 없는 친구들을 수진이가 직접 개념부터 가르쳐보게끔 시키기도 했다.

이때부터 수진이의 태도가 달라지기 시작했다. 4학년 2학기 때 평균 80점을 넘어섰고, 5학년 때는 평균 80~85점을 유지하더니, 6학년 때에는 평균 95점으로 우등생 반열에 들어서게 되었다. 중학교에 올라가서는 1학년 1학기 중간고사에서 평균 98점으로 학급에서 1등을 했다.

수진이 부모는 아이의 성적이 오른 것도 기분 좋은 일이지만, 그 것보다는 시간만 때우려고 했던 아이가 이제는 끝까지 알려고 노력하는 태도를 보이는 것이 더욱 만족스럽다고 한다.

승주를 만난 것도 역시 아이가 4학년일 때였다. 승주는 평균 점수가 50점이 채 되지 않을 정도로 하위권에 있었다. 공부 실력은 둘째 치고 10분도 책상에 앉아 있지 못할 정도로 집중력이 떨어졌다. 그래서 먼저 집중할 수 있도록 재미있게 학습을 유도하고, 이해력을 증진시키고 계산력을 키워주는 데 꼬박 1년의 세월을 보내야 했다.

승주는 1년쯤 지나서야 겨우 한 시간 이상씩 집중할 수 있는 능력이 생겼다. 시험 성적도 4학년 2학기 기말고사에서 학년 초보다 겨우 10점이 올랐지만 아이는 무척 좋아했다. 높은 벽이라고 느꼈던 50점을 넘었다는 희열, 꼴찌라는 소리를 듣지 않아도 된다는 기쁨을 느낀 아이는 1등 한 아이보다 오히려 더 신이 났다.

올라간 10점으로 승주는 공부에 관심을 갖게 되었다. 이후 승주는 스스로 공부하는 아이로 변모하기 시작했다. 5학년 때는 중상위권으로 올라갈 수 있었고, 6학년이 되어서는 드디어 상위권에 진입하게 되었다. 6학년인 승주는 이제는 아주 모범적인 학생으로 자신감에 차서 열심히 공부하고 있다.

이렇게 비록 하위권 수준의 아이라 할지라도 4학년 때만 출발하면 공부 잘하는 아이로 변모할 수 있다는 사실을 수진이와 승주의 사례에서 확인할 수 있었다.

초등학교 4학년을 놓쳐 안타까운 아이

6학년인 기영이는 학습의 기초가 전혀 없었다. 게다가 게임에 빠져 있던 터라 선생님 말씀이 귀에 들어오지 않았다. 공부 시간에도 공책에 게임기를 그려놓고, 머리로는 게임 영상을 바꾸어가며 손가락의 움직임을 멈추지 않을 정도였다.

그런데 기영이네 집을 가보고 놀라지 않을 수 없었다. 부모는 기영이가 게임을 안 하는 게 소원이라고 했지만, 방마다 컴퓨터가 있었다. 하나는 아빠 사무용, 또 하나는 기영이 것 그리고 기영이 동생 것까지 모두 세 대였다. 그제서야 왜 기영이가 그토록 게임을 좋아하는지 알 수 있었다. 책꽂이에 책은 많이 꽂혀 있었지만, 아이 눈높이와는 상관없는 장편 소설이나 깨알 같은 글씨로 씌어진 위인 전기 시리즈뿐이었다. 그리고 거실 중앙에는 대형 TV와 푹신한 소파가 가족들을 부르고 있었다.

이미 공부 문제가 아니라 컴퓨터 게임에서 벗어나는 것이 급선무였다. 집안의 환경 때문에 쉽게 게임에서 벗어나지 못하는 것이라고 지적했더니, 기영이 엄마는 흔쾌히 받아들이고 집 안 구조를 과감하게 바꾸었다. TV는 거실에서 안방으로 옮겨졌고, 컴퓨터 두 대는 치우고 한 대만 거실에 놓였다. 이런 변화에 기영이도 처음 며칠은 공부에 몰두하는 듯했지만 역시 게임을 완전히 그만두기는 힘들었는지 어머니에게 하루에 1시간만이라도 하게 해달라고 애원하기 시작했다. "안 된다." "1시간만 할게요." "그래도 안 된다." "제발 부탁이에요." 이렇게 아이와 싸우다보면 어디 자식 이기는 부모 있을까. 결국 기영이 엄마는 지고 말았다.

　이렇게 6개월을 보내고 나니 벌써 10월 중순이 되었다. 내일 모레면 중학생이 되는데도 기영이는 게임 중독 증상만 강(强)에서 중(中)으로 바뀌었을 뿐 학습 태도는 좀처럼 나아지지 않았다. 이제는 모두 결단을 내려야 했다. 아예 프로게이머로 방향을 정할 것인지, 마지막으로 공부에 매달려볼 것인지. 하지만 아이는 기계가 아닐 뿐더러 예민한 사춘기 시기였기 때문에 지혜롭게 대처해야 했다. 그래서 시도한 방법은 '하루에 한 가지씩 엄마와 숙제하기'였다. 숙제의 주제는 이런 것이었다.

　월요일 : 엄마와 시장 보기
　화요일 : 가족과 배드민턴 치기
　수요일 : 엄마와 수제비 만들어 먹기
　목요일 : 가족과 탁구장에 가서 탁구 시합하기
　금요일 : 아빠와 바둑 두기
　토요일 : 가족과 가까운 산 등산하기

　여기에 한 가지 더, 도서관에 가서 매일 기영이 눈높이에 맞는 책 빌려다 주기를 추가했다. 이런 숙제를 내준 이유는 공부를 할 수 있는 마음 상태를 만들기 위해서, 즉 게임 중독을 치료하기 위해서였다. 게임 중독은 더 즐거운 것을 맛보면 치료할 수 있다는 것을 필자는 경험을 통해 알고 있었기 때문이었다.

기영이 가족은 한 달 내내 이 숙제로 무척 힘들어 했지만, 분명히 효과는 있었다. 기영이는 점차 게임 생각에서 빠져나올 수 있었고 어머니가 매일 빌려다 주는 책에도 재미를 붙였다. 그렇게 두 달을 보내고 12월 중순에 기말고사를 본 기영이는 사회, 과학에서는 20~30점의 성적 향상을, 수학과 국어에서는 10점 정도 올라가는 성과를 얻었다.

이후 중학교에 진학한 기영이는 게임은 적당히 멀리한 채 나름대로 열심히 공부하는 아이로 변모했다. 하지만 안타깝게도 우등생이 목표는 아니다. 기초가 무척 중요한 수학, 국어에서 선두 그룹과의 격차를 좁히기가 만만치 않기 때문이다.

지금도 기영이를 생각하면 안타까운 마음을 금할 수 없다. 기영이를 6학년이 아니라 4학년 때 만났더라면 훨씬 좋은 결과를 얻을 수 있었으리란 생각을 지울 수 없기 때문이다. 이 아이들의 사례에서 확인할 수 있는 것은 뭐니 뭐니 해도 시간의 중요성이다. 기영이가 수진이, 승주보다 부족한 것은 오직 시간뿐이었기 때문이다.

'대학은 초등학교 4학년 때 결정된다'

많은 부모들이 막연하게나마 알고 있지만, 그 실제만큼 모르는 것이 아이의 인생에서, 아이의 공부에서 초등학교 4학년이 차지하는 중요성이다. 조금 과장한다면 '대학은 초등학교 4학년 때 결정된다'고까지 말할 수 있다. '설마, 4학년이 중요하기야 하지만 어디 대학까지……'라고 생각할 부모도 있으리라. 하지만 이제까지 많은 아이들을 가르쳐오면서 4학년의 중요성을 실감해 왔기에 꼭 이렇게 주장하고 싶다. 자녀를 공부 잘하는 아이로 만들어주고 싶은 부모는 초등학교 4학년의 중요성에 주목하기 바란다.

부모들의 어린 시절로 돌아가서 아이들 간에 학습 우열이 뚜렷해지기 시작한 때가 언제인지 기억을 떠올려보자. 주변에 명문대학에 들어간 친구가 있다면, 그 친구가 언제부터 공부 잘한다는 소리를 듣기 시작했는지 한번 떠올려보라. 사실 초등학교 저학년 실력은 아이의 실력이라고 이야기하기 어렵다. 심지어 어떤 선생님들은 초등학교 저학년 실력은 부모의 '치맛바람 실력'이라고까지 이야기한다. 공부 내용이 어렵지 않기 때문에 부모들이 조금만 신경 써줘도 금방 공부 잘한다는 소리를 들을 수 있다.

하지만 고학년은 다르다. 제법 난이도가 있기 때문에 부모들이 일일이 지도하기 어렵다. 이때부터 공부 잘하는 아이와 못하는 아이로 나뉘기 시작한다. 또한 이 시기에 형성된 우열 구도는 엄청난 노력과 시간을 통해서만 바꿀 수 있다. 그래서 초등학교 4학년이 정말 중요하다.

초등학교 4학년 때부터 공부 우열이 결정된다는 것은 연구 조사를 통해서도 확인된다. 한국교육과정평가원에서 1998년 12월에 발표한 「학습 부진아 지도 프로그램 개발 연구」라는 자료를 보면,

학습 부진이 심각하게 나타나는 시기가 초등학교 4학년이라는 결과가 나와 있다. 학습 부진아 실태 조사는 초·중등학교 교사를 대상으로 한 것인데, 학습 부진이 나타나는 시기를 묻는 질문에 46.9퍼센트의 응답자가 "4학년"이라고 답했다. 이 결과는 고학년이 시작되는 4학년 때부터 학생들 간의 우열이 본격적으로 드러난다는 것을 말해준다.

학습부진이 두드러지게 나타나는 시기

구분	빈도(명)	비율(%)
1학년	20	8.2
2학년	38	15.5
3학년	39	15.9
4학년	115	46.9
5학년	13	5.3
6학년	2	0.8
무응답	18	7.3
계	245	100.0

(한국교육과정평가원 자료)

공부 잘하는 아이와 못하는 아이의 차이는 공부하는 모습에서도 현격히 드러난다. 수학 한 과목만 보아도, 우등생들은 사칙연산 능력이 튼튼하여 교과의 기본 개념을 이해하면 응용문제까지도 어렵

지 않게 풀어 나간다. 평소 독서를 많이 했기 때문에 국어 과목에서
도 지문을 신속히 파악하고 주제도 금방 알아낸다. 영어에서도 간단
한 회화는 물론이고 스토리북을 읽고 내용을 쉽게 파악한다. 새로운
것을 배워도 자신감이 철철 넘쳐흐른다.

하지만 공부를 못하는 아이들은 책가방 속부터 다르다. 가방을 열
어보면 필통은 실종된 지 이미 오래이고, 집 잃은 연필 한두 자루가
부러진 채 책 밑에 깔려 있다. 또 학교에서 보내준 가정통신문은 책
과 공책 사이에 꼬깃꼬깃 구겨져 있다. 알림장도 제대로 적지 않아
서 숙제는 물론 준비물도 챙겨 가지 못한다. 4학년이 되었는데도 일
기장 한 쪽을 채우는 것조차 힘들어 하며, 책 읽기를 그다지 좋아하
지 않는다. 수학 문제도 기본 과정에서 조금만 응용되어 나오면 무
조건 모른다고 쉽게 포기해 버린다.

왜 초등학교 4학년인가?

왜 4학년부터 이런 격차가 벌어질까? 앞에서 잠깐 언급했지만, 교과
과정의 심화가 가장 큰 이유이다. 국어의 경우 3학년까지는 대체로
단순한 느낌을 묻는 문제들이지만 4학년부터는 자기 생각을 정리하
고 표현을 요구하는 형태로 심화해 간다. 시, 동화, 설명문, 논설문
등 글의 종류를 구분하고 그 차이를 비교하는 것도 공부한다. 또한

어휘의 개념을 알기 위한 학습 활동도 많아진다. 독서량이 부족한 아이들은 어휘력이 부족하기 때문에 국어가 외국어 공부만큼 어렵다. 개념의 이해는 수학이나 사회, 과학 등 다른 과목을 이해하기 위한 필수 조건이기 때문에, 다른 과목의 공부도 어려울 수밖에 없다.

수학도 연산 영역에서 3학년의 경우에는 분수의 개념을 이해하기 위해 "네 명이 빵을 똑같이 나누려면 1을 4로 나누어 1/4이라 한다"처럼 생활 주변의 구체적인 소재를 가지고 공부하지만 4학년부터는 세 분수의 덧셈, 뺄셈, 혼합 계산과 소수의 덧셈, 뺄셈 등 추상적 개념이 전제되는 내용을 공부하게 된다.

사회가 어려워지기 시작하는 것도 지도 읽기가 등장하면서부터인데 4학년부터 지도 읽기, 축척이 나오고 등고선, 단면도 읽기를 배운다. 이런 지식들은 4학년에서 그치는 것이 아니라 중학교에 가서 다시 심화된 형태로 배우게 된다. 초등학교 4학년 때부터 기초가 되어 있지 않은 아이들이 중학교에 가서도 어려워하는 것은 당연하다. 이처럼 초등학교 4학년부터 추상적이고 논리적인 형태로 학습이 심화해 가기 때문에 공부 저력이 부족한 아이들은 뒤처질 수밖에 없다.

하지만 4학년 때 처졌다고 해도 5, 6학년 때 쫓아갈 수 있는 것 아닌가? 물론 아주 불가능한 것은 아니다. 일부 그런 사례도 있다. 그러나 분명히 말하지만, 대부분은 좌절하고 만다. 사실 아이들이 머리가 나빠서 공부를 못 쫓아가는 일은 거의 없다. 문제는 시간이다. 부족한 집중력, 이해력, 계산력 등을 보충하면서 공부하는 데 필요한 것은 시간인 것이다. 아이들은 기계가 아니다. "오늘부터 공부 시작!" 하고 버튼을 누른다고 해서 바로 기계처럼 쉬지 않고 돌아가지 않는다. 고학년이 되었으니 공부를 시키려는 부모의 마음은 급하지만 아이들은 집중하는 데, 어휘력을 넓히는 데, 연산력을 키우는 데 시간이 필요하다. 공부의 기초가 되어 있지 않은 아이들은 습관만 잡는 데도 최소한 1, 2년 정도의 시간이 필요하다. 이 시간 동안 학교 진도는 아이 사정과는 아랑곳없이 앞으로 나간다. 그러니 기초가 부족한 5, 6학년 아이들은 습관 잡으랴, 기초 닦으랴, 진도 쫓아가랴 벅찰 수밖에 없다. 앞에서 본 기영이의 사례가 그걸 말해 준다. 그래서 늦어도 4학년이라는 것이다.

또 4학년이 지나버리면 공교롭게도 아이들이 사춘기에 접어들기 때문에 더욱 힘들어진다. 저학년 때까지는 부모 말도 잘 듣고 고분고분하던 아이가 고학년에 올라가면서 반항적으로 되었다고 이야기하는 부모들이 많다. 아이가 반항적인 말과 행동을 하는 것은 정서 발달상 당연한 과정이다. 아이가 삐딱하다고 걱정할 일도 아니고, 순하다고 안심할 일도 아닌 것이다. 하지만 아이들이 무척 민감해지는 이 시기에 공부 습관을 잡기란 대단히 어렵고 조심스러운 일이 아닐 수 없다. 따라서 본격적으로 사춘기가 시작되기 전인 초등학교 4학년 시절이 부모 입장에서는 아이의 공부 습관을 잡아줄 수 있는 절호의 시기인 셈이다.

4학년 때 공부 습관을 잡지 못하면 아이들이 서서히 사춘기로 접어들면서 친구들과 몰려다니는 현상이 나타난다. 저녁 늦게 PC방이나 노래방 같은 곳을 드나들거나 낮 동안 부모가 없는 친구 집에 모여서 멋대로 행동하기 시작하면 더 이상 공부가 문제가 아니다. 어디 어디 가지 마라, 학원 빼먹지 말고 잘 다녀와라, 이렇게 아이랑 옥신각신 싸우면서 기력을 다 쏟다보면 공부 잘하길 바라는 것은 이미 사치가 되어버린다.

부모 말 한마디도 제대로 통하지 않는데 어떻게 공부 습관을 잡을 수 있겠는가? 그러므로 사춘기 이전에 공부 습관을 들여야 한다. 아이가 지금 4학년이라면, 공부 습관을 잡을 수 있는 마지막 기회임을 명심해야 한다. 4학년을 어떻게 보내느냐에 따라 아이의 인생은 달라진다.

4학년의 중요성은 과학적으로도 설명이 가능하다. 최신 뇌과학에 따르면 두뇌 발달은 세 단계를 거쳐서 이루어지는데, 처음 두 단계는 유전적으로 결정되기 때문에 외부 환경의 영향을 그다지 크게 받지 않는다고 한다. 하지만 세 번째 단계는 주변 환경의 영향을 많이 받게 되고, 이때를 '결정적 시기'라고 한다. 인간의 결정적 시기는 대략 12세 전후에 끝나는 것으로 알려져 있으며, 이 시기가 지나고 나면 두뇌의 활동성을 나타내는 시냅스의 연결이 더 이상 이루어지지 않는다고 한다. 즉 결정적 시기 동안 두뇌의 하드웨어가 결정된다는 뜻이다(김대식 저, 『공부혁명』 중에서).

인간의 결정적 시기를 증명하는 많은 일화 가운데 숲에 버려져 동물들과 함께 자라난 아이들의 이야기가 있다. 훗날 사람들에게 발견되어 인간 세상으로 돌아왔음에도 불구하고 그 아이들은 영원히 인간의 언어를 배울 수도, 말할 수도 없었다. 결정적 시기 동안 인간의 언어를 전혀 듣지 못했기 때문에 언어를 담당하는 시냅스의 연결이 점차 약해져서 결국 사라지고 만 것이다.

결정적 시기가 끝나지 않은 어린이의 뇌는 마치 굳기 전의 말랑말랑한 찰흙 같아서 모든 공부가 뇌를 만드는 과정이 된다. 무언가를 배우고 익히면 새로운 시냅스의 연결망이 형성되는 것이다. 어린이에게 '공부한다'는 것은 곧 그 아이의 뇌를 만든다는 것을 의미한다. 따라서 뇌가 굳어지는 12세 이전에 다양한 경험과 함께 '공부'를 통해서 두뇌를 자극하는 다양한 사고 활동을 해야 하는 것이다. 다양한 분야의 책 읽기, 개념 이해하기, 논리적으로 추론하기, 문제 해결 방법 찾기, 토론하기, 글쓰기, 외국어 공부하기 등 다양한 공부 활동이 필요한 것이다.

늦어도 초등학교 4학년부터 최소 1~2년 간 본격적으로 실력을 쌓아야 하는 이유가 여기에 있다. 이 시기를 놓치면 이미 굳어지고 덜 활성화된 두뇌를 갖고 새로운 지식을 배울 수밖에 없는 상황에 놓이게 되는 것이다. 마치 다 자란 어른이 아이들 옷을 입고 활동해야 하는 것처럼 말이다.

하지만 아이들은 시기의 중요성을 모른다

아이들은 어른이 되기 쉽고 학문은 이루기 어려우니
아주 짧은 시간이라도 헛되이 보내지 마라
연못가의 봄풀이 아직 꿈도 깨지 않았는데
계단 앞 오동나무 잎은 벌써 가을을 알린다
少年易老學難成
一寸光陰不可輕
未覺池塘春草夢
階前梧葉已秋聲

　위의 한시는 주자(朱子)의 「권학문(勸學文)」 중 한 구절로, 공부에서 시기의 중요성을 이것보다 잘 표현한 글을 본 적이 없다. 이 시는 공부하는 아이들을 위하여 지은 것이지만 아무리 이야기한들 아이들은 뜻을 제대로 이해하지 못한다. 말뜻이야 알겠지만 느끼지 못한다. 오히려 부모가 자녀들에게 이 시를 들려줄 나이가 되어서야 진정으로 이해하게 되니 결국 이 시는 어른들을 위한 시가 아닌가!

　결국 부모의 역할이 중요할 수밖에 없다. 아이들은 세월의 흐름도, 시기의 중요성도 모른다. 아직 그 시간 속에 있기 때문이다. 열차를 타고서 여행할 때 정작 열차 안에 있는 자신은 가고 있다는 사실을 잊어버리는 것과 같은 이치이다.

　앞에서 살펴본 여러 이유 때문에 초등학교 4학년 때부터 공부 우열이 결정되기 시작하여 학년이 올라갈수록 격차가 더 벌어진다. 따라서 아이가 지금 4학년이라면 이제부터라도 본격적인 실력 쌓기에 나서야 한다. 아이가 5, 6학년이라면 자녀의 상태에 대해 정확한 진단을 내려야 한다. 현재의 교과 과정을 그대로 따라가며 공부하기에 부족함이 없는지, 아니면 보충학습이 필요한지를 판단해야 한다. 이러한 진단 없이 그저 학원 순례만 반복한다면 돌아올 수 없는 다리를 건너게 될지도 모른다. 아이가 초등학교 저학년이라면 공부 저력 형성을 위해 준비하고 노력해야 한다.

지금부터라도 좋은 공부 습관을 형성할 수 있도록 부모가 세심하게 배려한다면 아이들은 충분히 공부 잘하는 아이로 성장할 수 있다. 다만 이것만은 잊어서는 안 된다. 공부에도 때가 있다는 것을.

당신의 아이는 괜찮습니까?

지금부터 아이의 상태를 진단하기 위한 간단한 테스트를 해보자. 아래 테스트는 처음 학부모를 상담할 때 사용하는 것으로, 현재 우리 아이가 어떤 상태에 있는지 부모 스스로 생각해 보게끔 하기 위해서 만든 것이다. 따라서 이 테스트는 아이의 현 상황을 정확히 수치화해서 보여주지 않는다. 다만 부모들이 읽어보고 우리 아이가 스스로 공부하는 습관이 형성되어 있는지 판단하는 데 도움이 된다.

각 상황별로 아이와 부모가 하는 말을 읽어보고, 자신의 가정에서 많이 사용하는 말 앞의 □에 체크(∨)하세요.

상황 1 : 아침에 일어나서

아이의 말	
□ 엄마, 책가방 챙겨놨어요?	□ 엄마, 일어날 때 헨델 음악이 흘러나오니까 눈이 저절로 떠져요.
□ 준비물 사게 돈 주세요.	□ 아침에 일찍 일어나서 학습지 다하고 가니까 오후 시간에는 여유가 있어서 좋아요.
□ 준비물 왜 안 챙겨놨어요?	
□ 오늘 입을 옷 주세요.	□ 아침 운동하고 나니까 밥맛이 좋아요. 밥 한 그릇 더 주세요.
□ 머리 빗겨주세요.	
□ 양말 챙겨주세요.	□ 아, 오늘은 도서관에서 연못가에 사는 곤충에 관한 책 좀 빌려다주세요. 요즘 우리 그거 배우거든요.

부모의 말	
□ 빨리 일어나.	□ 어젯밤 무슨 꿈 꿨니?
□ 숙제 했니?	□ 너는 할 수 있어. 오늘 하루도 파이팅!
□ 준비물 챙겼어?	□ 오늘은 우리 아들이 아빠보다 더 일찍 일어났네! 그래, 내일부터는 아빠도 같이 운동할게.
□ 옷이 그게 뭐니, 이것 입고 가.	
□ 야! TV보고 있을 시간이 어디 있어?	
□ 실내화는?	□ 야, 우리 딸 멋지다.
□ 야! 벌써 친구 와서 기다리잖아.	□ 오늘도 학교에서 열심히 하고 와라.
□ 빨리빨리 해라.	□ 엄마가 맛있는 떡볶이 해놓을게.
□ 밥 먹고 학교 가야지.	

상황 2 : 학교에서 돌아와서

아이의 말

☐ 30분만 게임하고 학원 갈게요.

☐ TV 프로그램 이것만 보고 끌게요.

☐ (냉장고 문을 열었다 닫았다하며) 뭐 먹을 것 없어요?

☐ 엄마, 누구랑 전화했어요? 그 아줌마가 뭐 래요?

☐ 오늘따라 왜 이렇게 화장실이 날 부르지?

☐ 엄마, 학습지가 없어져서 공부 못하겠어 요.

☐ 공부 하려고 하는데 도무지 무슨 말인지 몰라서 못하겠어요.

☐ 오늘 일기 뭐 써요?

☐ 엄마, 숙제 다 했는데 그 다음은 뭐 해요?

☐ 엄마, 오늘 사회 숙제 있었는데요, 백과사 전에서 찾아서 다 해놨어요.

☐ 수학 공부 하는데 이걸 모르겠어요.

☐ 영어 단어 외웠는데 검사해 주세요.

☐ 오늘 개미에 관한 책 읽었는데, 진짜 재미 있었어요. 동생이랑 개미알 찾으러 갔다 올게요.

☐ 지구 속은 어떻게 생겼는지 궁금해요. 도 서관에 가서 지구에 관한 책 빌려 올게요.

☐ 내일 준비물이 색종이하고 지점토 가져가 는 거라서 지금 문방구 갔다 올게요.

☐ 엄마, 내가 〈안중근전〉을 읽고 독후감을 썼는데 읽어 드릴게요.

부모의 말

☐ 숙제 해라.

☐ 학습지는 했니?

☐ 준비물 챙겼어?

☐ 책 좀 읽어라.

☐ 준비물 아침에 챙기지 말고 미리미리 챙 겨라.

☐ 너희 선생님은 왜 이렇게 숙제를 많이 내주니?

☐ 도대체 이게 아이 숙제야, 엄마 숙제야?

☐ 공부는 안 하고 왜 그렇게 왔다 갔다 해?

☐ 일기 하나 쓰는데 도대체 몇 시간째야?

☐ 책 사다주면 뭐해? 읽어야 말이지.

☐ 학원 갔다 왔니?

☐ 그래, 잘했다.

☐ 야, 에디슨도 이런 생각을 못 했을 거야.

☐ 우리 딸, 과학자 되겠네.

☐ 엄마랑 함께 찾아보자.

☐ 그래, 이번 주말에 네가 책으로 읽은 곳 견학 가자.

☐ 글쓰기가 어려우면 이렇게 하면 어떨 까?

상황 3 : 잠 자기 전

아이의 말	
☐ 오늘 할 공부 다 했으니까, 게임 좀 해도 되죠? ☐ TV 프로그램 이것만 보고 잘게요.	☐ 이 닦고 잘 준비됐으니까 음악 듣고 잘 게요. ☐ 책 읽다 잘게요. ☐ 아빠, 나는 우주에서 무슨 일이 일어나 고 있는지 궁금해요. ☐ '오늘의 할 일 체크 표'에 사인해 주세 요. ☐ 오늘 제가 쓴 시 읽어드릴게요.
부모의 말	
☐ 게임 하지 말고 일찍 자라. ☐ 방이 그게 뭐니? ☐ 야, 이 연필 누구 건데 여기 굴러다녀? ☐ 이거 내일 아침에 가져 갈 준비물 아니 니? 그런데 왜 여기 있어? ☐ 그런 걸 왜 이제 이야기하니?	☐ 학교에서 힘든 점은 없니? ☐ 어떤 친구가 좋아? ☐ 어떤 일이 가장 하고 싶니? ☐ 내가 너희들에게 어떤 아빠가 되어주었 으면 좋겠니? ☐ 좋은 꿈 꿔라. ☐ 사랑한다, 얘야! ☐ 자기 전에 엄마한테 노래 불러줘.

짐작했겠지만 왼쪽은 아이가 타율적일 경우 나타나는 집안의 대화를, 오른쪽은 자율적인 아이와의 대화를 정리한 것이다.

공부를 시켜서 억지로 하는 아이들은 아침부터 저녁까지 모든 말과 행동이 수동적이다. 책가방과 준비물을 부모가 챙겨줘야 하고, 숙제도 꼭 부모가 물어보면 그제서야 하기 시작한다. 공부할 때도 부모나 선생님이 시키니까 하고, 하더라도 가까스로 정해진 분량만큼만 한다. 그리고 더 이상은 알려고 하지 않는다. 스스로 탐구하는 것과는 거리가 멀다. 이런 아이들에게 공부를 좀더 하라고 하면 이렇게 말한다.

"에이, 엄마가 하라는 것도 많고 학교 숙제도 많은데 여기서 어떻게 공부를 더 하란 말이에요?"

아이가 4학년이 되었는데도 준비물, 숙제, 아침에 일찍 일어나기 등과 같은 기본적인 문제를 가지고 아침마다 전쟁을 치르고 있다면 긴급 대책을 마련해야 한다. 왼쪽 대화에 50% 이상을 체크했다면 '비상사태'로 간주하고 자율적 학습 태도와 습관을 갖추기 위한 '대규모 공사'에 착수해야 한다. 지금의 습관이나 태도가 평생 갈 수도 있기 때문이다.

반면에 자율적으로 공부하는 아이들은 꼭 누가 시켜서가 아니라 스스로 알고 싶어서 적극적으로 공부한다. 이런 아이들은 알림장 쓰는 것을 비롯하여 준비물 챙기는 것부터 다르다. 그리고 공부할 때에도 궁금한 것을 끝까지 파고들어 알 때까지 질문을 해야 직성이 풀린다. 심지어 여름휴가를 가서도 선생님한테 휴대전화로 궁금한 걸 물어보는 아이도 있다. 오른쪽의 대화에 70% 이상 공감이 가는 경우라면 스스로 공부하는 '공부 저력'이 있는 아이다. 나머지 부족한 것을 조금만 채워주면, 4학년뿐만 아니라 중·고등학교까지 아무 걱정 없이 보내게 될 것이다.

저력 있는 아이가
공부도 잘한다

그냥 잘하게 되는 것이 아니다

"너 이거 어떻게 알았니?"라고 물으면 "그냥 알게 됐어요"라고 대답하는 아이들이 있다. 특별히 노력하지 않았는데도 그냥 알게 되는 것은 그 아이 내면에 공부를 쉽게 할 수 있는 에너지가 있기 때문이다. 이러한 에너지가 밑바탕의 힘, 곧 '저력(底力)'이다. 저력은 두드러지게 보이지는 않지만 무언가를 가능하게 하는 잠재적인 힘이다. 운동선수에게 기초 체력이 있어야 하는 것처럼 공부하는 아이들에게도 공부를 하기 위한 기초 능력과 같은 저력이 있어야 한다. 이런 저력이 많이 형성되어 있을수록 우등생으로 가는 길은 쉬워진다.

같은 교실에서 같은 선생님에게 똑같은 교재로 배웠는데도 1년이 지나면 30여 명의 아이들의 학력격차는 어마어마하게 벌어진다. 그렇다고 하위권 아이들이 상위권 아이들보다 IQ가 떨어지거나 노력을 덜 하는 것도 아니다. 어쩌면 하위권 아이들이 상위권 아이들을 따라잡기 위해 더 많이 공부할 수도 있다. 그런데도 상위권 아이들과 하위권 아이들의 실력차는 쉽게 좁혀지지 않는다.

두 그룹의 공부하는 과정을 비교해 보면, 상위권 학생들은 공부를 참 쉽게 하는 데 반해 하위권 학생들은 굉장히 어렵게 한다는 것을 알 수 있다. 하위권 학생들은 심지어 자신이 공부의 노예인 것 같다는 생각을 하기도 한다. 하지만 우등생들은 공부가 쉬우니까 잘되고, 잘되니까 더 많이 노력하게 되고, 노력하니까 성적이 오른다. 또 성적이 오르다보면 공부가 재미있어지고, 재미있으니까 지루하지 않게 1년을 하루같이 공부할 수 있는 것이다. 이 과정은 매우 자연스럽게 진행된다.

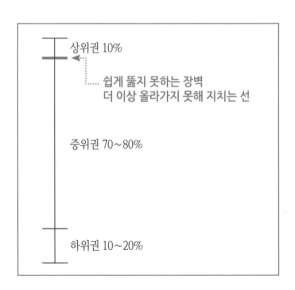

위의 표에서 보듯이 아이들은 상위권 10%, 중위권 70~80%, 하위권 10~20%로 나누어볼 수 있는데, 공부를 아주 잘하는 아이들과 아주 못하는 아이들은 그렇게 많지 않다. 대부분이 중위권인 70~80% 사이에서 오르락내리락한다. 성적이 들쭉날쭉한 아이들도 중위권 아이들이다. 이에 비해 상위권 아이들은 웬만해서는 성적이 갑자기 뚝 떨어지거나 쑥 올라가지 않는다. 마치 구름 아래에 있는 자동차는 눈, 비 같은 기상 현상의 직접적인 영향을 받지만 구름 위 창공을 날고 있는 비행기는 날씨의 영향을 받지 않는 것과 같다. 구름 위는 항상 맑은 날씨이기 때문이다.

중위권 아이들은 친구나 TV, 게임 등의 영향에 따라 성적이 올라갔다 내려갔다 하지만 상위권 아이들은 그 영향권 밖에 있기 때문에 고른 성적을 유지할 수 있다. 그리고 중하위권에서 많이 노력하면 중상위권까지는 금방 껑충 뛰어오르지만 상위권 문턱에서는 치열한 경쟁을 하다가 지치는 경우가 많다.

그러면 왜 우등생들은 공부가 쉬울까? 그것은 앞에서 말한 바와 같이 그 아이들이 가지고 있는 저력 때문이다. 아이들은 "그냥"이라는 말로 저력을 답변하지만 세상에 그냥 되는 것은 없다. 공부뿐만 아니라 어떤 일을 잘하게 되는 것은 선천적으로 타고났다든지 잘할 수 있는 여건과 환경이 마련되었다든지 자신이 느끼지 못할 뿐 그만한 이유가 있는 것이다.

누구나 한 가지 이상의 재능은 갖고 태어난다. 그렇기 때문에 아이가 갖고 있는 특성과 적성을 잘 발견해서 계발시켜 나가면 이것이

곧 아이의 저력이 된다. 예를 들면, 시(詩)를 가르치기 전에 시심(詩心)을 심어주고, 수학을 가르치기 전에 수의 개념을 익히게 하며 견학 보고문 쓰기를 가르치기 전에 여행부터 시작해 보라. 이런 과정을 거쳐 저력이 형성된 아이들이 모든 공부를 쉽게 하리라는 것은 당연한 일이다. 저력이 형성된 상태에서는 어떠한 분야의 공부라도 쉽게 하지만 그렇지 않은 경우에는 무거운 짐을 지고 산을 오르는 것처럼 힘들고 어렵게 공부를 한다. 공부의 기술보다 더 중요한 것은 공부를 쉽게 할 수 있는 저력이다.

기름진 토양에서는 씨만 뿌려놓아도 식물이 잘 자라지만 자갈밭에는 좋은 씨를 뿌리고 거름과 물을 주어 잘 가꾸어도 좋은 결실을 맺지 못한다. 자갈밭에 씨를 뿌리려면 먼저 돌부터 없애야 한다. 황무지는 먼저 땅을 고르게 갈아주어야 씨를 뿌리는 수고가 헛되지 않은 것이다. 아무리 좋은 학원을 다니고 고액 과외를 시켜도 저력이 형성되어 있지 않으면 시간 낭비에 경제적 손실만 있을 뿐이다.

저력은 공부 기술보다 중요하다

달리기를 할 때 마지막 결승 지점에서 보면 1등 뒤에 차례로 줄지어 들어오는 선수들의 모습을 볼 수 있다. 1등으로 들어오는 선수나 마지막으로 들어오는 선수나 출발선은 같았다. 그런데 다른 선수들을 제치고 선두를 달린다면 그 비결은 무엇일까? 강인한 체력, 혹독한

훈련, 불굴의 정신력, 바로 이런 것들이 선수의 저력이 되어 누구보다 빨리 달릴 수 있게 되는 것이다. 선수들에게 저력이란 바로 기초 체력과 지구력, 생활 습관 같은 것인데 이것을 무시하고 빨리 달리는 기술만 가르친다면 어떻게 될까? 아마도 대부분의 선수들은 지쳐 쉽게 포기하고 말 것이다.

우리 아이들도 같은 또래들과 같이 출발한다. 초등학교 입학식은 우리 아이들이 학습 경주를 출발하는 지점이다. 이 출발점부터 시작해서 학습 경주를 하다 보면 뒤도 돌아보지 않고 빠르게 앞만 보고 달려가는 아이가 있는가 하면, 쉽게 지치고 힘들어 하는 아이, 잘 가다가 잠깐 한눈 팔아 넘어지는 아이, 어쩌다 넘어져도 다시 일어나 뛰는 아이도 있다. 이런 차이를 보이는 것은 당연하다. 내면의 공부 저력이 다 다르기 때문이다. 마치 달리기 선수마다 체력이 달라서 뛰는 데 차이를 보이는 것처럼 말이다.

그래서 우리 아이들이 학습 경주에서 달리기를 잘할 수 있도록 저력을 형성해 주어야 한다. 학교교육만 무려 12~16년의 학습 장거리 경주를 해야 할 아이들에게 공부 저력은 아무리 강조해도 지나침이 없다. 공부 저력 없이 공부의 기술만 배우려 드는 것은 허공에 집을 지으려는 것과 같다.

공부 저력은 어떻게 형성되나?

한때 조기 교육 열풍으로 온 나라가 떠들썩한 적이 있었다. 인재가 자원인 우리나라에서 교육의 열기가 뜨겁다는 것은 다행스러운 일이 아닐 수 없다. 하지만 그 내용에 대해서는 한 번쯤 생각해 보아야 한다. 엄마들은 조기 교육을 시키기 위해 이 학원에서 저 학원으로 하루 종일 숨 가쁘게 아이들을 돌린다. 그 결과 스폰지처럼 흡수력이 좋은 아이들은 세 살 때 한글을 줄줄 읽고, 네 살 때 영어책 한두 권 정도는 눈 깜짝할 사이에 외워버리며, 다섯 살 때 천자문에 사자소학(四字小學)까지 다 암기해 엄마의 마음을 뿌듯하게 하기도 한다. 그러나 이렇게 어릴 때 영재 소리를 듣던 아이들이 정작 커서까지 능력을 발휘하지 못한다. 왜 그럴까?

첫째는 '들어간 것(Input)'보다 '나오는 것(Output)'을 더 많이 원하기 때문이다. 씨를 많이 뿌려야 많이 거두는 법인데 다른 아이들보다 앞서 가고 싶은 욕심에 소양을 키우기도 전에 먼저 결과를 기대한다. 이것은 항아리에 담긴 물과 같다. 항아리에 담긴 물은 당장은 시원하게 마실 수 있지만 금세 고갈되고 만다. 그러나 지하수를 마시기 위해서는 땅을 뚫는 수고를 해야 한다. 뚫기까지 고생은 크지만 한번 뚫고 나면 평생 시원한 물을 마음껏 마실 수 있다.

둘째는 취학 전에 배운 것을 학교에 들어가 또 배우면서 학습에 흥미를 잃게 되기 때문이다. 한글을 세 살 때 떼었든 일곱 살 때 떼었든 시기의 차이만 있을 뿐이지 한글을 익혔다는 결과는 마찬가지이다. 오히려 조기 교육으로 일찌감치 한글을 뗀 아이가 학교에서 한 글을 또 배우면 공부에 대한 흥미를 느끼지 못하는 경우가 있다. 공 부에 흥미가 없다보니 재미있는 최신 게임이라도 나오면 거기에 눈 을 돌리거나 자기가 관심 있는 것에만 정신을 빼앗겨버린다. 이런 아이들의 부모는 '어릴 때는 잘했는데 갈수록 우리 아이가 왜 저러 지?' 하며 속을 태운다.

한편 이해력이나 암기력이 좋은 아이들은 학교에서 배운 것을 금 방 이해하고 성적도 괜찮기 때문에 부모들은 별다른 문제의식을 갖 지 않는다. 그리고 이해력, 암기력도 좋은데다 어릴 때 이것저것 많 은 지식을 넣어준 경우, 적어도 초등학교 3학년 때까지는 항아리의 물이 고갈되지 않는다. 그래서 부모는 계속 물이 채워져 있는 줄 알 고 지내다 고학년의 심화된 학습을 충분히 소화하지 못해 성적이 떨 어지기 시작하면 또 어릴 때 하던 '학원 순례'를 하게 한다.

산해진미가 눈앞에 펼쳐져 있더라도 먹고 소화하는 데에는 한계 가 있다. 자기 몸에서 받아들일 수 있는 양은 정해져 있기 때문에 과 잉 섭취한 음식은 오히려 건강에 해가 될 수도 있다. 몸속으로 들어 간 음식의 영양소가 혈관을 통해 온몸으로 공급되고 산소와 결합하 여 새로운 세포를 만들어내는 과정이 잘 이루어질 때 아이들이 잘 자라게 된다. 지식도 무조건 아이의 머릿속에 많이 입력한다고 해서 되는 것이 아니고 '체화(體化)'의 과정을 거쳐야 한다.

따라서 지식을 넣어주는 것보다 더 중요한 것은 그것을 받아들일 수 있는 토대를 먼저 형성해 주는 것이다. 뿌리 깊은 나무가 크고 높게 자라며 바람에 흔들리지 않는 것처럼, 높은 건물을 세우려면 땅을 더 깊이 파야 한다. 이렇듯 견고한 터를 잡고 기둥을 세울 준비를 하는 것이 바로 저력을 형성하는 과정이다. 다시 말해 저력을 길러주는 것은 지식을 많이 가르쳐주는 것이 아니라 지식을 받아들일 수 있는 능력을 길러주는 것이다.

지식은 정상적으로 배우는 과정을 거치면 어느 시점에서는 같아진다. 하지만 저력은 누구나 같아지는 것이 아니다. 그리고 3, 4년 먼저 시작했다고 해서 먼저 꿈을 이루는 것도 아니다. 어릴 때 형성해주었던 저력은 정상적인 학습의 시기가 되면 아무도 예측 못할 위력을 발휘하게 된다. 마치 작은 다이너마이트가 거대한 산을 뚫어 터널을 만드는 위력을 발휘하듯이.

이때 저력을 키워주는 일은 아이들 내면에 숨겨져 있는 보물창고에 보화를 가득 채워주는 것이다. 그 보화는 풍부한 상상력, 뛰어난 관찰력, 예리한 미적 감각, 남들이 생각하지도 못하는 기발한 창의력, 시인들이 가지고 있는 시심, 음악적 감각 같은 것이다. 이 밖에도 이해력, 사고력, 표현력 등 저력 형성의 요소는 셀 수 없이 많다. 이렇게 보물창고에 보물이 가득한 아이들은 꺼내 쓰기만 하면 쉽고 재미있게 공부를 할 수 있다.

예를 들어 국어 시간에 「개미와 베짱이」를 읽고 이어지는 다음 이야기를 쓸 경우, 먼저 보물창고에 있는 상상력으로 다음 이야기를 상상한다. 그리고 기발한 창의력으로 이야기를 새롭게 꾸민 다음 마지막 표현의 보화를 꺼내 정리하면 훌륭한 작품이 나오게 된다. 이런 능력을 가진 아이들은 공부가 너무나 재미있고 쉬울 수밖에 없다.

아이들은 저력 형성의 요소들을 갖추고 나면 국어뿐 아니라 모든 과목을 수월하게 해낼 수 있다. 그뿐만 아니라 상상하지 못한 큰 힘을 발휘하여 부모에게는 기쁨이 되고 이 나라에는 자랑스러운 인재가 된다. 이러한 저력 요소들은 비단 학문의 뜻을 이루는 데만 그치지 않는다. 빌 게이츠는 남들이 생각 못하는 창의력으로 컴퓨터의 황제가 될 수 있었고, 파브르는 곤충을 사랑하는 마음과 뛰어난 관찰력 때문에 세계적인 곤충학자가 될 수 있었다. 디자이너가 되려면 예리한 미적 감각이 있어야 하고 훌륭한 시인이 되려면 감수성이 풍부해야 한다. 감수성이 없는 아이에게 고액 과외를 통해 시를 잘 쓰는 기술을 가르친들 훌륭한 시인이 될 수 있겠는가!

공부를 잘하기 위해서는 이해력, 사고력, 표현력 등이 있어야 한다. 초등학교에서 배우는 과목들은 모두 이런 힘을 길러주기 위한 것들이다. 국어를 보면, 아이들은 주어진 문장을 읽고 내용을 이해하고 자기의 생각을 정립한 다음 그것을 말이나 글을 통해 표현하며 나아가서는 상대방을 설득하는 힘을 기르게 된다.

수학도 마찬가지이다. 수학의 목적은 단순히 수식을 익히는 데 있지 않고 아이들이 살아가면서 닥치게 될 수많은 문제들을 해석하고 분석하며, 해결책을 찾는 방법을 배우는 것이다. 그렇기 때문에 모든 과목이 별개인 것 같지만 사실은 한 가지 힘인 '공부 저력'을 키워주기 위해 분야별로 나뉘어져 있는 것이다. 저력이 있는 아이들이 중·고등학교에 가서도 모든 분야를 쉽게 이해하며 빨리 적응해 나간다. 그렇기 때문에 초등교육 특히 저학년의 경우에는 실력을 키우기 위한 지식 위주의 교육보다 기초 학력, 곧 공부 저력을 키우는 교육에 모든 것을 쏟아야 한다.

공부 저력의 3요소—인내심, 집중력, 열정

공부를 잘하는 아이들이 공통적으로 가지고 있는 것은 무엇일까? 그것은 인내심, 집중력, 열정이다. 머리가 좋아서 배운 것을 금방 이해하고 암기를 잘해도 끝까지 버티지 못하면 처음에 잠깐 반짝하다가 곧 꺼져버리는 반딧불이와 같다. 인내심을 가지고 오래 버티어도 핵심을 제대로 꿰뚫지 못하면 종이 한 장 태우지 못하는 깨진 돋보기나 마찬가지이다. 아무리 잘 탈 수 있는 땔감이 있어도 그것을 태우기 위한 불씨가 없으면 그 좋은 땔감 위에 먼지만 쌓이게 된다. 땔감 위에 불을 당기는 불씨는 곧 열정이다.

인내의 사전적 의미는 괴로움이나 노여움 따위를 참고 견디는 것이다. 참고 견디는 것은 아이들뿐만 아니라 어른들에게도 쉬운 일이 아니다. 따라서 부모들은 아이들이 인내할 수 있도록 인내심을 발휘해 주어야 한다. 공부할 때 30분도 견디지 못하는 아이라고 해서 다른 모든 일을 참아내지 못하는 것은 아니다. 예를 들어 공부를 시작한 지 10분도 안 되어 물 마시러 나온다든지 쓸데없이 부모 전화에 귀를 기울인다든지 하여 부모 속을 태우는 아이도 컴퓨터 게임이나 자기들이 좋아하는 TV 프로그램 앞에서는 두 시간도 꼼짝하지 않는 것을 볼 수 있다. 이런 아이를 보고 인내심이나 집중력이 없다고 단정할 수는 없지 않은가.

문제는 인내나 집중을 하지 못하게 하는 원인을 찾는 일이다. 부모는 우선 내 아이가 공부할 때 무엇 때문에 집중을 못 하는지 알아야 한다. 책상 앞에 앉아 책을 읽는데 무슨 뜻인지 모를 경우, 또는 컴퓨터 게임 생각으로 꽉 차 있어서 책 위에 베틀그라운드 화면이 아른거리는 경우, 나쁜 영상이 스쳐 지나가는 경우, 그리고 나가서 놀고 싶은 경우라면 아이들은 인내심을 발휘하지도, 집중하지도 못한다. 만약 부모가 이러한 원인을 무시한 채 인내심을 키우기 위한 수단으로 하루에 한두 시간씩 억지로 책상에 앉아 있으라고 강요한다면 눌린 용수철이 튕겨 나가듯 인내심의 한계를 느낀 아이들이 돌출 행동을 하게 될 것이다. 인내심이나 집중력은 결코 반복적인 훈련으로 길러지지 않는다.

그러면 어떻게 해야 할까? 먼저 아이들과 격의 없는 대화를 통해서 무엇이 문제인지 알아내고 그것부터 제거해야 한다. 예를 들어 선생님이 하는 말이 무슨 뜻인지 이해를 못하여 딴짓만 하는 아이라면 다음날 공부할 것을 예습하게 해주어 해결할 수 있다. 또 게임 때문에 머릿속이 산만한 경우는 그에 대한 대책을 마련해 주고, 나가서 놀고 싶은 마음에 엉덩이가 들썩들썩한다면 공부를 마치면 놀게 해준다든지 하는 방법으로 인내와 집중을 못하게 하는 원인을 제거해 주어야 한다.

열정 또한 마찬가지다. 열정은 공부에 대한 의욕에서 나오게 마련이지만 대부분의 사람들에게 공부는 결코 재미있는 일이 아니다. 따분하고 어려운 걸 읽어야 하고, 지루한 걸 참아야 하고, 못하는 걸 연습해야 한다. 이 재미없는 것을 잘하게 하려면 보상이 따라야 한다. 특히 저학년의 경우에는 더욱 필요하다. 그것은 물질적인 보상일 수 있고, 시간적인 보상일 수도 있다. 공부를 마치고 난 뒤에 용돈을 줄 수도 있고, 좋아하는 TV 프로그램을 보게 허락할 수도 있고, 놀 수 있는 시간을 줄 수도 있다. 아이가 좋아하는 다양한 활동을 공부와 연계하여 보상으로 제공하는 것이 효과적이다. 하지만 고학년이 되면 더 이상 이런 미끼만으로 아이들이 공부하게 할 수는 없다. 스스로 공부하는 이유를 알고, 공부를 통해 무엇을 얻고자 하는지 목표를 가지는 것이 필요하다. 목표는 바로 꿈에서 나온다. 꿈이 있는 아이들은 그것을 이루기 위해서 부모가 이야기하지 않아도 스스로 공부하게 된다. 따라서 아이가 공부에 대한 열정을 갖도록 하려면, 무엇보다 꿈을 키워줄 일이다. 꿈이 없는 아이는 결코 스스로 공부할 수 없다.

공부 저력은 아래와 같은 수식으로 표현할 수 있다.

공부 저력 = (이해력+사고력+표현력) × (열정+인내+집중)^2

우라늄 – 235 원자핵에 중성자를 충돌시키면 핵이 둘로 쪼개지면서 핵분열을 하는데, 그렇게 되면 하나로 있을 때보다 질량이 가벼워진다. 그 가벼워진 질량이 엄청난 에너지로 바뀌어 발산하게 되는 것이 바로 핵에너지 생성의 원리이다. 이것을 공식으로 나타내면 $E=mc^2$이다. 여기서 E는 에너지를 의미하고, m은 가벼워진 질량 그리고 c는 빛의 속도를 나타낸다. 아인슈타인의 방정식은 질량－에너지 보존 법칙을 잘 나타내주고 있으며, 질량은 에너지로 바뀔 수 있음을 알려준다. 아인슈타인의 이 방정식은 아무리 가벼운 물질이라도 빛의 속도로 달리면 엄청난 에너지가 된다는 뜻이기도 하다.

공부 저력 역시 눈으로는 볼 수 없지만 분명히 존재하는 핵에너지 같은 것이다. '이해력+사고력+표현력'은 한마디로 지력(智力)이라 할 수 있고, '열정+인내+집중'은 실천력이라 할 수 있다. 위의 공식은 지력이 뛰어나도 실천력이 없으면 소용이 없지만, 지력이 조금 부족해도 실천력이 있으면 큰 에너지가 나올 수 있음을 알려준다. 따라서 아인슈타인의 방정식에서와 같이 이해력, 사고력, 표현력이 빛의 속도와 같은 열정과 인내와 집중력으로 달려간다면 핵폭발과 같은 엄청난 위력을 발휘할 것이다.

공부 저력은 부모가 만든다

공부는 혼자 할 수 있지만 공부 저력의 형성은 혼자 할 수 없다. 반드시 누군가의 도움이 필요하며 그 최고의 적임자는 부모이다. 그리고 그 원천은 부모의 사랑이다. 부모는 자식을 사랑한다. 그것도 자기의 생명만큼 사랑한다. 이렇게 큰 부모의 사랑을 이 세상 어느 누가 대신할 수 있겠는가. 사랑에는 커다란 희생의 힘이 있다. 사랑할 때는 어떤 것도 아깝지 않다. 설령 내 뜻대로 행동하지 않고 내 마음을 아프게 해도, 때로는 날 속이거나 미워해도 남김없이 끝까지 다 주게 된다. 부모의 이러한 사랑만이 아이의 저력을 형성하는 원천임을 잊지 말자.

가끔 부모들과 상담하면서 자녀 교육의 여러 성공 사례를 들려주면 대부분 감탄을 연발하면서도 자신은 그렇게 할 수 없을 거라고 미리 포기하고 힘겨워 한다. 하지만 심지도 않고 가꾸지도 않았는데 어떻게 좋은 열매를 거둘 수 있겠는가? 반드시 부모들이 씨앗을 심고 물도 주며 관심을 갖고 가꾸어야 달디단 열매를 기대할 수 있다. 다른 집 아이가 스스로 알아서 공부한다면 부러워하지만 말고 나는 내 아이에게 스스로 공부할 수 있도록 무엇을 심어주었나 생각해 보자. 다른 집 아이가 책 읽기를 좋아한다면 내 아이가 책 읽기를 잘할 수 있도록 해준 일이 무엇이 있나 생각해 볼 일이다. 늦었다고 생각할 때가 가장 빠른 시기라는 말대로 지금 이 순간이 내 아이에게 해줄 수 있는 마지막 기회인지 모른다. 우리 아이가 좋아하는 것은 무엇이며 무엇이 부족한지, 또 우리 아이의 꿈은 무엇인지 아이와 함께 찾아보면서 마지막 기회일 수도 있는 지금, 사랑을 실천해 보자.

엄마의 관심

엄마들과 대화를 나누다보면 쿡 웃음을 터뜨리는 일이 있다. 아이와 엄마가 너무 많이 닮아서이다. 아이들은 비단 겉모습뿐만 아니라 웃는 모습, 찡그릴 때의 인상, 말하는 어투까지 어쩌면 그렇게 엄마를 쏙 빼닮는지……. 아이들과 이야기를 해보면 외모는 비록 아빠를 많이 닮을지라도 생각은 엄마의 영향을 더 많이 받는다는 것을 알 수 있다. 하루 종일 엄마와 함께 있으면서 엄마가 하는 말, 숨소리, 심지어 엄마가 속으로 생각하는 것까지 아이에게 여과되지 않고 전달된다. 그만큼 엄마의 생각이 중요하다. 엄마가 교육이 아닌 다른 것에 관심이 많으면 아이 역시 공부가 아닌 다른 것에 관심을 갖게 된다. 아이들은 하루 종일 엄마의 기쁨이 되고 싶어한다. 그래서 엄마의 머릿속이 부동산 투자로 꽉 차 있으면서 말로만 공부하라고 하면, 아이들은 공부 이전에 돈이나 땅을 먼저 떠올린다. 내 아이가 진정으로 공부를 잘하길 바란다면 엄마들의 첫번째 관심사가 교육이 되어야 한다.

엄마의 입

엄마들의 입을 통해 나오는 말 한마디에 의해 보물창고에 가득 쌓여 있는 보물을 다 없앨 수도 있고 하나도 없던 창고에 보물을 가득 채워 넣을 수도 있다. 아이들의 귓가에 "넌 해낼 수 있어. 언젠가는 반드시 하게 될 줄 믿는다. 네가 이렇게 노력하는 것을 보니 꼭 성공할 거야"라는 말로 용기를 불어 넣어주면 아이는 정말 그 말대로 된다.

그리고 그런 말에 용기를 얻어 어려움이 닥쳐와도 이를 극복할 수 있다. 아이가 소리 내어 울고 있으면 "우리 딸 발성 연습 잘하네. 이 다음에 성악가가 되려나 봐"라고 해보자. 공부를 안 하던 아이가 어쩌다 책이라도 잡고 있으면 이렇게 말해 보자. "우리 현준이가 책을 좋아하는 걸 보니 박사님이 되겠네."

말에는 보이지 않는 에너지가 있어서 엄마가 축복해 준 말은 아이의 뇌로 가슴으로 그대로 전달되어 나중에는 엄마의 말대로 이루어진다.

엄마의 발

이미 아이들이 훌쩍 커버려 고학년이 된 엄마들은 아이들과 함께할 수 있는 시간이 마냥 주어지는 게 아님을 알고 안타까워한다. 반대로 유아부터 초등학교 저학년까지의 자녀를 둔 엄마들은 "나는 언제 한 번 홀몸으로 다녀보나" 하는 하소연을 하기도 한다. 하지만 자녀가 이미 중고생이 되어버린 엄마들은 아이들과 함께한 때를 그리워하며 '그때 좀더 많이 놀아줄걸'이라는 후회를 감추지 못한다. 아이들은 마냥 아이로만 있는 것이 아니기 때문에 함께하는 시기를 놓쳐서는 안 된다. 아이들이 엄마를 간절히 원하는 그때까지 최선을 다하여 함께해 주자.

아이와 같이 문화 유적 순례하기, 박물관 가기는 물론이요 개미알 찾으러 가기, 연못에 가서 소금쟁이 찾아보기, 태양과 우주에 관한 책 읽고 대화하기, 서로의 발 닦아주며 킬킬거리며 웃는 추억 만들기, 가을 들판에 나가 여러 가지 곡식 알아보기, 가을에 밤 주우러 가기, 그림자 인형극으로 감동 만들기……. 엄마가 아이들과 함께 할 수 있는 일은 찾아보면 헤아릴 수도 없이 많다. 이렇게 수없이 함께 하며 쌓인 저력은 과외를 해서도 학원을 다녀서도 결코 얻을 수 없는 것이다.

Memo

Memo

제2부

자녀를
우등생으로 키우는

생생한 공부 지도법

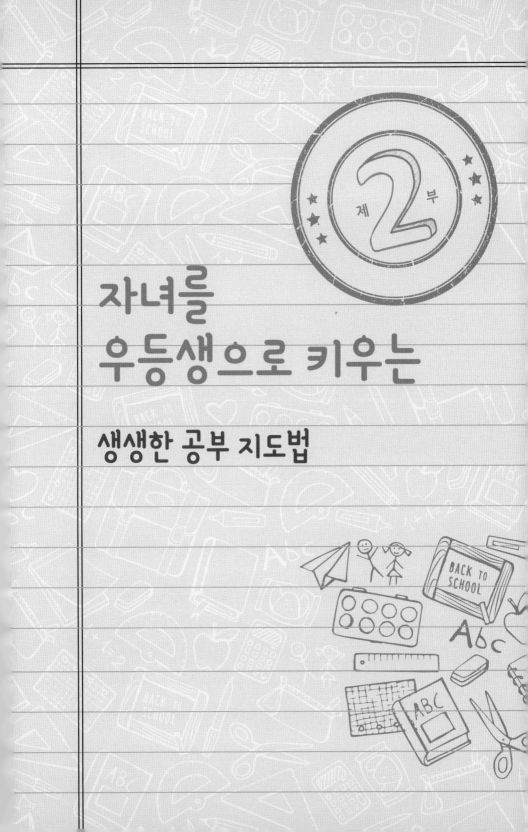

엄마는
매니저

◯ **아이들에게도 매니저가 필요하다**

직장에 다니는 이슬이 엄마는 고객의 클레임을 처리하고 몸과 마음
이 모두 파김치가 되어 집에 돌아왔다. 돌아와 보니 집 안은 난장판
이다. 여기저기 물건이 나동그라져 있고, 싱크대에는 먹고 난 그릇
이 산더미처럼 쌓여 있다. 옷을 갈아입는 둥 마는 둥 설거지에 세탁
에 청소에, 내일 아침 먹을 반찬 준비까지 엉덩이를 바닥에 붙일 틈
이 없다. 그때 마침 큰 아이인 이슬이가 다가와 묻는다.

"엄마, 오늘 일기 뭐 써요?"

피곤에 지친 엄마는 신경질을 겨우 억누르며 말한다.

"대충 써."

이슬이도 엄마 눈치를 본다.

"그런데 엄마, 선생님이 내일까지 두부 만들어서 실험 결과 써 오고요, 사진도 찍어 오래요."

바로 이때 말할 기회만 보고 있던 1학년짜리 작은 아이 한별이가 하는 말.

"엄마, 선생님이 내일 아침에 녹색 어머니 나오시래요."

엄마는 올라오는 화를 애써 참아본다.

"너는 그런 걸 왜 이제 이야기하니?"

급기야 한별이는 울먹인다.

"그저께 엄마한테 말했는데……."

엄마의 마음은 착잡해지기 시작한다. 누구보다도 훌륭한 아이로 키우고 싶었고 다른 극성 엄마들처럼 학교에 자주 쫓아다니며 정성을 다해주고 싶었는데……. 자신의 신세가 고달파지며 갑자기 별의별 생각이 꼬리를 문다. 그래도 아이들에게 내색은 할 수 없다.

"일기는 오늘 있었던 일로 대충 써. 두부는 오늘은 늦었으니까 내일 시장에 가서 간수 사다가 만들어줄게. 그리고 엄마가 내일 아침에 일찍 일어나서 너희들 밥 챙겨주고, 회사 나가기 전에 녹색 어머니 서고 나갈게."

이렇게 말하고 나니 그동안 아이들 공부를 너무 챙겨주지 않은 것 같아서 미안한 마음과 잘하고 있는지 확인하고 싶은 마음이 동시에 들어 아이들에게 소리친다.

"너희들 그동안 학습지 한 것 가져와. 한별이는 알림장도 가져오고."

그런데 아이들의 학습지와 알림장을 보는 순간 엄마의 마음은 용암이 솟아나와 구멍이 숭숭 뚫린 현무암처럼 되어버린다.

"이슬이, 너! 지금 이 학습지 몇 주째 밀려 있는 거야? 그렇게 할 바에는 다 그만둬. 그리고 한별이! 알림장을 손가락으로 쓴 거야, 발가락으로 쓴 거야?"

기어코 화가 폭발하며 그날 저녁 한바탕 난리가 벌어진다. 늦은 저녁, 울다 지친 얼굴로 잠든 아이들 모습을 보며 이슬이 엄마는 내일 급식도 되고 숙제까지 해결되는 가까운 학원을 찾아보리라 굳게 마음먹는다.

안타깝게도 많은 부모가 자녀 교육에서 큰 벽에 부딪히고 있다. 가장 큰 이유는 지속적인 관리가 이루어지지 않기 때문이다. 이슬이 엄마처럼 다람쥐 쳇바퀴 돌 듯 하루하루를 정신없이 살다가 어느 날 몰아서 검사하고 아이들을 다그치는 것은 부모 스스로 잘 챙겨주지 못하는 것에 대한 분풀이에 지나지 않는다. 학원에 보내도 부모들이 제대로 관리해 주지 않으면 성과를 거두기 어렵다.

많은 부모들은 한결같이 자신의 아이가 학원도 안 다니고 과외도 안 하고 부모가 참견을 하지 않아도 스스로 알아서 척척 잘하는 아이가 되기를 기대한다. "어떤 집 애들은 학원도 안 가고 과외 한 번 안 했는데도 반에서 1, 2등 한다는데 어떻게 된 게 우리 애들은 생활비의 반을 교육비로 쏟아 부어도 이 모양이야!" 하고 푸념하는 엄마들이 상당수이다. 하지만 푸념을 하기 전에 왜 자녀 공부 지도에 실패하는지 그 이유를 생각해 볼 필요가 있다. 학원에 보내고 과외를 시켜도, 부모가 관리해 주지 않으면 기대했던 성과를 올리기 어렵다. 학원도 안 가고 과외 한 번 안 했는데도 반에서 1, 2등 하는 아이들은 그만큼 부모들이 많은 관심을 갖고 관리를 하기 때문이다.

엄마는 매니저가 되어야 한다. 가르치는 역할은 교사가 하지만 매니저 역할은 엄마가 해야 한다. 대통령도 자기 혼자 힘으로는 그 자리에 오르지 못한다. 반드시 주변 사람들의 도움을 받아야 그 자리에 오를 수 있다. 무명에서 스타가 되었다면 그 뒤에는 반드시 누군가 매니저의 역할을 하고 있다. 아이들도 마찬가지다. 공부를 처음 시작하는 아이들은 공부를 어떻게 해야 하는지 모르기 때문에 계획을 세워주고, 계획대로 실천할 수 있도록 도와주며 주기적으로 점검해 주는 매니저가 필요하다. 그렇다면 부모는 매니저로서 어떤 역할을 해야 할까?

엄마는 연기자

엄마는 피곤하다. 엄마의 역할부터 아내의 역할, 직장인의 역할까지 감당하고 있다면 아이가 클 때까지는 늘 피곤할 수밖에 없다. 그런데 피곤한 엄마의 말 한마디가 집안 공기를 좌우하게 된다. 엄마가 저기압일 때 아이들도 공부에 신명 내지 않고 눈치만 보는 것을 누구나 경험했을 것이다. 물론 반대의 경우도 있다. 그래서 엄마에게는 약간의 연기 실력이 필요하다. 배우들의 훌륭한 연기가 관객들에게 감동을 주는 것처럼 아이들에게도 감동을 주기 위해서 엄마의 연기가 필요하다.

아이가 식탁 위의 컵을 건드려 물을 엎질렀다고 하자. 아이는 미안한 마음과 불안한 마음이 동시에 들 것이다. 그런 아이를 향해 "너는 누굴 닮아 그렇게 덤벙대니? 왜 그렇게 조심성이 없어?"라고 소리친다면 분위기는 어떻게 될까? 아이는 처음에는 미안한 마음하고 잘못했다는 생각이 들다가도 조금 지나면 '엄마는 이럴 때 없었나? 너무 하는 거 아니야' 하게 된다. 게다가 옆에서 듣고 있던 아빠도 덩달아 자기까지 야단맞는 느낌에 기분이 언짢아진다. 이런 일이 자주 있다보면 아이들 마음 한구석에는 서서히 반발심이 자리잡게 된다.

엄마는 아이가 덤벙대지 않고 모든 일에 침착하기를 바라는 것이므로 이렇게 말해 보자. "00야, 어디 다친 데는 없니? 기왕 엎지른 김에 식탁이나 좀 닦아줄래?" 결과는 어떨까? 엄마는 화를 내지 않아서 좋고, 아이도 행동을 조심하게 되어 좋고, 집안 기류도 화창해지니 일석삼조이다.

직장에 다니는 엄마도 마찬가지이다. 엄마가 현관에 첫발을 들여놓는 순간이 너무도 중요하다. 엄마 입장에서 보면 퇴근하고 집에 들어가는 시간이 하루의 끝이지만, 아이들로서는 엄마의 퇴근은 부모와 함께 즐겁게 보내는 시간의 시작이다. 아이들은 직장에 간 엄마를 하루 종일 애타게 기다린다. 다만 매일 반복되는 일상이기에 표현을 안 한 채 무덤덤하게 넘어갈 뿐이다. 저녁의 새로운 시작은 엄마가 현관문을 여는 순간, 엄마의 표정과 첫마디에 따라 희비가 엇갈리게 된다.

집에 들어가기 전에 표정 관리를 하고, 아이들을 향해 활짝 웃는 모습으로 들어가보자. 설령 집 안을 잔뜩 어지럽혀놓고 정신없이 게임에만 몰두하는 아이들의 모습이 보일지라도, 환한 표정으로 목소리 톤도 조금 높이며 보고 싶었다는 느낌이 뚝뚝 묻어나게 이렇게 말해 보자.

"어이구, 예쁜 내 강아지들! 엄마가 하루 종일 얼마나 보고 싶었다구. 사랑해! 우리 지금부터 다 같이 치우고 저녁 맛있게 먹자."

그러면 아이들은 기다렸다는 듯이 엄마에게 못다 한 이야기를 앞뒤 순서도 없이 늘어놓는다.

"엄마, 알림장에 사인해 주세요. 학교에서 가정통신문 나왔는데요, 수요일 오후 2시에 학부모 회의 오시래요. 엄마, 그리고요 아까 형이 나 막 때렸어요."

아이의 이런 저런 말을 다 들어주고 이렇게 말해 본다.

"얘들아, 엄마가 저녁 먹을 때 재미있는 이야기해 줄 테니까 각자 방 치우고 7시 30분까지 식탁으로 모여라."

그리고 식탁에서는 아이들에게 학교에서 있었던 일을 물어보며 대화를 한다. 이때 연기 실력을 발휘해서 아이들이 떠들어대는 별것 아닌 이야기에도 "하하 호호" 웃어보자. 이렇게 가족끼리 모여 깔깔대고 웃다보면 어느새 집안 분위기는 화기애애해지며 아이들은 공부할 맛이 저절로 나게 된다.

적어도 하루 30분은 아이와의 시간을 갖자

요즘 직장에 나가는 엄마는 물론이고 전업주부도 집에만 있는 경우는 거의 없다. 그래서 스스로 잘하겠지 하는 막연한 믿음으로 아이에게서 눈을 떼는 경우가 있다. 그렇게 하다보면 아이가 고민하는 문제를 미처 발견하지 못한 채 지나치게 되고, 심한 경우에는 아이와 대화가 단절되며 부모는 매니저 역할을 포기하는 상황까지 이르게 된다.

정연이네는 아침에 눈뜨자마자 30분 간 침대에서 뒹굴면서 학교에서 있었던 일을 자연스럽게 이야기한다. 지선이네 집은 잠자기 전 30분을 이용한다. 불을 꺼놓고 아이와 격의 없는 대화를 나누는 것이다.

부모는 이런 의식적인 노력을 통해서 아이의 문제를 발견하고 해결책을 찾게 된다. 그리고 노력의 결과 아이는 부모와 늘 공감대를 형성하기 때문에 웬만한 스트레스는 집에서 다 풀어버리게 된다. 사람을 움직이기 위해서는 그 사람의 마음을 움직여야 하며 사람의 마음을 움직이는 가장 좋은 방법은 격의 없는 대화이다. 아이에게도 이런 원칙은 적용된다.

목표를 정하고 실천하게 하자

혜인이 엄마는 초등학교 교사이다. 대개 엄마가 교사라고 하면 자녀들은 공부를 잘할 것이라고 생각한다. 하지만 혜인이 엄마도 보통 직장 여성과 다를 바 없기에 혜인이 역시 엄마가 퇴근하기 전까지는 방치되어 있다. 혜인이는 친구들과 실컷 놀다가 저녁 먹고 나서는 숙제하고 일기를 쓰는데, 마냥 붙잡고 있다가 어느새 공책을 베개 삼아 잠이 들어버린다. 이런 혜인이의 모습을 볼 때마다 엄마는 고민스럽다.

그럼 혜인이는 어떨까? 혜인이는 학교 갔다 돌아오면 반겨줄 사람이 없기에 목에 걸려 있는 열쇠로 문을 열고 들어왔다가 그냥 가방을 집어 던지고 놀이터에서 기다리고 있는 친구들을 향해 뛰어간다. 그리고 엄마의 당부와 선생님이 내준 과제는 까맣게 잊어버리고 신나게 논다. 그러다가 엄마가 돌아올 시간이야 급하게 집에 돌아와 가방이나 준비물을 챙긴다. 저녁을 먹고 나서 겨우 책상 앞에 앉지만 피곤한 터라 이미 반은 꿈나라에 가 있다.

필자와 상담을 하고 난 며칠 뒤 혜인이네 집 거실에는 이런 글귀가 걸렸다.

> **이번 주 목표** - 반드시 숙제는 하고 나가 놀기
> **이번 달 목표** - 책 30권 읽고 목록을 적기
> **이번 해 목표** - 관악기 하나 배우기

이 별것 아닌 것 같은 쉬운 목표가 혜인이에게 스스로 학습하는 습관을 만들어주었다. 그 목표를 정하고 6년이 지난 지금 혜인이는 밥보다 책을 더 좋아하는 아이가 되어 있다.

스스로 자료 찾는 습관을 길러주자

혼자 공부하는 학생들은 모르는 것이 나오면 스스로 해결하지 못한다. 다음날 학교에 가서 물어보자니 더 이상 진도가 안 나가고 직장에 계신 부모님께 일일이 전화할 수도 없고……. 보통 이럴 때 부모들은 대안이 없기에 학원이나 과외 선생님에게 의지할 수밖에 없다.

이때 자료를 찾는 습관을 갖게 하는 것이 학원보다 근본적인 해결 방법이다. 교과서 내용 중 의문이 생겼다면 자세한 해설이 나와 있는 자습서를 활용하게 하고 사회나 과학은 부교재를 함께 이용하도록 한다. 아이의 책꽂이에 적어도 국어사전과 대백과사전은 갖추어 놓고 거의 습관처럼 찾아보게끔 유도해야 한다. 처음에는 찾는 방법을 알려주고, 찾아보면 공부에 어떻게 도움이 되는지 알려준다. 그 다음부터 부모가 해야 할 일은 다음과 같은 말뿐이다.

의문이 : 엄마! 이거 모르겠어요.
엄　마 : 응, 의문아! 엄마보다 의문이가 더 잘 알잖아. 대백과사전 찾아보고 엄마한테도 알려줘.

실제로 아이들은 자료를 찾으면서 어른들은 생각하지도 못하는 아이디어를 떠올리기도 한다.

1년을 하루같이 보내는 꾸준함을 키워주자

아무리 목표 설정이 훌륭하고 좋은 자료를 잘 찾아본다 하더라도 1년을 하루같이 하는 꾸준함이 없다면 좋은 집터 위에 올라가다가 만 흉물스러운 건물과 같을 것이다. 이 꾸준함을 유지하는 비결 역시 부모의 꾸준한 관리뿐이다. 매일매일 해야 할 체크를 깜빡 잊거나 이사, 명절, 휴가 등 집안의 대소사에 휘둘려서 이럭저럭 보내다보면 일주일, 한 달이 눈 깜짝할 사이에 지나간다. 그러면 아이는 훌쩍 커버려 고학년이 되고 엄마는 후회의 한숨을 내쉬게 된다.

아이들은 부모에게 공부하라는 말을 들을 때 잔소리로 생각하기 쉽다. 부모 입장에서도 자신의 말이 아이에게 잔소리로 들리게 되면 목적을 달성하기는커녕 속만 상하게 된다. 하지만 부모가 일방적으로 강요하는 것이 아니라 아이와 부모 사이의 약속에 따라 실천하는 것이라면, 아이도 당연히 자기가 해야 할 일을 엄마가 시켜주는 것으로 생각하게 될 것이다.

엄마의 제1 역할은 매니저이다. 집에서 기르는 화초마저도 관리를 제대로 하지 않으면 시들거나 얼어 죽게 되는데 하물며 사람은 어떠하겠는가. 관리가 되지 않은 아이에게 좋은 학습 태도나 습관을 기대하는 것은 불로소득을 바라는 것과 다를 바 없다. 매니저의 역할만큼은 학원 선생님이나 학교 선생님이 대신 해줄 수 있는 것이 아니다. 그리고 돈으로 해결할 수 있는 것도 아니다. 오직 엄마나 아빠가 할 수 있는 일이며, 사실 그렇게 어려운 일도 아니다.

첫 단추 끼우기
일기장을 잡아라

○
엄마들의 설렘

초등학교 입학식은 아이뿐만 아니라 엄마에게도 새로운 인생의 시작과 같아서 온갖 기대와 설렘으로 가득 차게 된다. 그래서 엄마들은 아이가 예닐곱 살이 되면 내 아이가 앞서 달리기를 기대하는 마음에서 초등학생 자녀를 둔 선배 엄마에게 이런 질문을 하게 된다.

"아이가 초등학교에 입학하기 전에 무엇을 준비해야 하나요?"

이에 대한 답변은 대체로 세 가지 중 하나이다.

대충 엄마 : 아이가 한글은 다 깨우쳤죠? 그리고 덧셈 뺄셈 할 줄 알아요? 그러면 됐어요. 1학년 1학기 때까지는 1에서 10까지밖에 안 나와요. 그리고 받아쓰기 잘하면 돼요. 처음부터 애한테 너무 스

트레스 줄 필요 없어요.

　시큰둥 엄마 : 글쎄요……. 나도 아이가 1, 2학년 때까지는 한다고 열심히 해봤는데 고학년이 되니까 다 소용이 없더라구요. 진짜 성적은 5, 6학년 되어봐야 알아요. 그러니 저학년 때는 실컷 놀게 내버려두세요.

　자신감 엄마 : 1, 2학년 때는 공부도 중요하지만 자신감이 더 중요해요. 자신감을 가질 수 있도록 책도 많이 읽게 하고 자기 생각을 표현할 수 있게 일기 쓰는 습관을 길러주는 것이 좋아요.

　위와 같은 말을 듣고 책도 읽히고 영어 공부도 시키고 그림 공부도 가르치면서 나름대로 열심히 준비한다. 그러나 초등학교 입학 후 정작 부모들 눈앞에 현실로 다가오는 것은 일기 쓰기와 받아쓰기이다.

　첫 단추를 잘 끼우면 끝까지 옷을 잘 입게 되듯이 '학습'이라는 옷을 잘 입기 위해서 초등학교 1학년 때 끼우는 첫 단추가 바로 일기 쓰기이다. 일기 쓰기에 관한 부모들의 바람은 의외로 소박하다. 매일매일 엄마를 귀찮게 하지 않고 스스로 한 쪽씩 척척 써 가기만 한다면 얼마나 좋을까라는 것이다.

　부모들의 바람이 이렇게 소박한 것은 그만큼 아이들이 일기 쓰기를 힘들어 하기 때문이다. 하지만 알고 보면 일기 쓰기는 생각보다 어렵지 않다. 부모들이 약간의 일기 지도법을 알고 아이들을 지도하면, 이 작은 성의로 말미암아 아이들은 첫 단추를 잘 끼우는 것은 물론이요, 나아가 황금 단추를 달게 될 것이다.

한 가지만 쓰되 생각을 많이

아이들의 일기장을 살펴보면 하루 종일 있었던 일을 쭉 나열하는 것
이 대부분이다. 그리고 맨 끝에 자기의 생각을 표현한다고 쓴 것이
"참 재미있었다", "기분이 좋았다" 정도이다. 일기의 목적은 그날 있
었던 일을 돌아보고 자기의 생각과 느낌을 쓰면서 생각의 폭을 넓히
고 표현하는 힘을 키우는 것인데, 대다수의 아이들이 일기장을 채우
는 것마저 힘겨워 한다. 하지만 아이들은 어른보다 솔직하기 때문에
생각의 방향만 조금 잡아주면 아주 훌륭한 일기가 나오게 된다.

방향을 잡아주는 첫번째 방법이 한 가지만 쓰되 생각을 많이 쓰게
하는 것이다. 초등학교 1학년인 주현이 일기를 보자.

> 고구마 그라탕을 먹었다.
> 맛있었다.
> 엄마가 우리를 위해서 만든 것이다.
> 다 먹고 TV를 봤다.
> 7번을 틀었다.
> 매직키드 마수리를 봤다.
> 그 다음 공부를 했다. 그리고 우리 가족이랑 사우나를 가

기로 했다.
나는 즐겁고 신나고 기분이 좋았다.

다음은 위 일기를 읽고 난 뒤 아이와 나눈 대화이다.

선생님 : 우리 주현이가 고구마 그라탕을 맛있게 먹었나 보네? 먹
을 때 선생님 생각 안 났어?

주현이 : 조금요!

선생님 : 그런데 주현아, 주현이가 오늘 하루 동안 한 일이 참 많
은데, 이제부터는 이렇게 해봐.

주현이 : 어떻게요?

선생님 : 만약에 하루에 있었던 일이 열 가지라면 그 중에 한 가지
만 고르는 거야. 그리고 그 한 가지 일에 대해서 생각한
것을 많이 써봐. 주현이 일기에 한 일은 많은데 생각한
것은 딱 한 가지잖아? 이제부터는 그것을 바꾸어서 한
일은 한 가지로 줄여서 적고 생각을 많이 쓰는 거야. 알
았지?

다음은 일기 지도 뒤의 주현이 일기이다.

제목 : 수영장

오늘은 비가 오고 날씨가 흐려서 수영장에 가기 싫었다.
하지만 아는 형이 있어서 수영장에 기분 좋게 갔다.
선생님이 너무 세게 훈련을 시킨다고 느꼈다. 그래서 힘
이 들었다.
하지만 다른 형들이 열심히 하는 것을 보고 나도 지구력
있게 해야 되겠다고 생각했다. 그러자 수영이 재미있게
되었다.

첫번째 일기는 자신이 한 일을 그저 순서대로 쓴 것인 데 비해, 두
번째 일기는 수영에 관한 자신의 생각이 드러나 있다. 이처럼 부모
의 말 한마디가 아이의 일기장을 바꾸고 나중에는 논술까지 해결하
게 한다.

이번에는 더 이상 쓸 소재가 없는 경우이다. 날마다 자신이 했던
일에서 소재를 찾으려니 보통 어려운 일이 아니다.

고정이 : 엄마! 뭐 일기 쓸 거 없어요?

엄　마 : 왜 없어? 피아노 학원에서 있었던 일 쓰면 되잖아?

고정이 : 그건 어제 썼어요.

엄　마 : 그럼 태권도 도장에서 있었던 일은?

고정이 : 그건 그저께 다 썼어요.

엄　마 : 그럼 친구들하고 놀았던 거…….

고정이 : 그런 건 저번에 다 썼어요.

엄 마 : 아이구, 왜 일기는 날마다 쓰라는 거야.

많은 엄마가 공감할 것이다. 그렇다면 먼저 일기를 왜 매일 써야 하는지, 일기를 쓰면 무엇을 얻을 수 있는지 살펴보자. 엄마가 먼저 이해해야 아이에게도 설명할 수 있고 매일 일기 쓰는 것을 지겨워하지 않게 지도할 수 있다.

일기는 왜 쓰는가?

학창 시절에 방학 숙제로 일기를 썼던 기억을 떠올려보자. 대부분의 사람들이 일기 쓰기는 무척 귀찮고 어려웠던 숙제로 기억할 것이다. 글감이 풍부하고 글솜씨가 조금 있으면 걱정이 없지만 그렇지 않은 경우에 일기는 무척 어려운 숙제이다. 생활은 별 변함이 없는데, 매일 다른 내용의 일기를 쓰려니 며칠만 지나도 소재가 바닥이 나고 내용도 대동소이하게 된다. 그러다가 나중에는 마치 반성문이 되기도 한다.

일기 쓰기를 처음 가르칠 때부터 하루를 반성하고 새로운 결심을 다짐하는 글을 쓰라고 하면 아이들은 일기를 반성문이나 다짐의 글 정도로밖에 생각할 수 없다. 아이들 입장에서는 매일 잘못한 것을 쓰거나 앞으로는 이렇게 하겠다 아니면 이렇게 하지 않겠다라는 글을 써야 하는데, 결코 쉽지 않은 일이다. 그래서 아이들은 일기 쓰기를 싫어하고 마치 숙제 하듯 일기를 쓰게 된다. 심지어 지난 일기의 내용을 날짜만 바꾸어 베끼는 경우도 있다.

사정이 이러한데 왜 일기를 쓰라고 하는 것일까? 이유는 간단하고 분명하다. 생각하는 힘과 표현하는 힘을 길러주는 데 일기가 최고의 방법이기 때문이다. 아이들은 일기 쓰기를 통하여 자기의 생각이나 느낌을 글로 표현하는 법을 익히면서 생각하는 힘을 키우게 된다. 중·고등학교에 들어가면 시간도 없고, '일기 쓰기'라는 교과 과정도 없기 때문에 초등학교 저학년 시기가 일기 지도의 최적기이다. 따라서 심혈을 기울여서 일기 쓰기를 지도해야 하며 오히려 영어, 수학보다 더 비중을 두고 가르쳐야 한다.

이때 일기를 잘 쓰게 하려면 글 쓰는 기술보다는 먼저 생각의 바다를 넓고 깊게 만들어주어야 한다. 아이와 부모는 일기를 쓰는 목적과 방법을 모르기 때문에 고통을 받지만, 제대로 알고 쓰면 일기처럼 재미있는 것이 없다.

아이들 생각 속에서 소재를 찾는다

이제 소재 빈곤의 아이가 일기를 어떻게 써야 하는지 알아보자.

정연이가 일곱 살일 때 우리는 처음 만났다. 정연이 엄마는 한창 일기에 관심을 가지고 열심히 쓰게 하고 있었다. 그런데 정연이의 일기를 읽어보니 여느 아이들처럼 하루 일과를 끊임없이 나열해 놓았을 뿐이다. 어떻게 지도할까 잠시 생각하고 있는데 정연이가 먼저 입을 열었다.

정　연 : 선생님, 일기는 왜 매일매일 써야 돼요?

선생님 : 왜? 매일매일 일기 쓰는 게 힘드니?

정　연 : 힘들진 않은데요, 어차피 매일매일 똑같은데 왜 엄마는 매일 쓰라고 하는지 모르겠어요.

선생님 : 그랬구나. 그럼 있었던 일을 쓰지 말고 정연이가 생각한 걸 써봐.

정　연 : 뭘 생각하는데요? 그리고 생각이 안 나면 어떻게 해요?

선생님 : 아니야, 선생님 생각에는 정연이는 생각 주머니가 아주 큰 것 같아. 이미 생각이 안 나면 어떻게 하냐고 생각했잖아?

다같이 : (웃음)

선생님 : 정연아, 이러면 어떨까? 지금이 가을이잖아? 가을이면 생각나는 거 없니?

정　연 : (잠시 침묵)

선생님 : 여름보다 가을에 사람들은 어떻게 변한 것 같아? 그리고 나무나 산의 모습은 어떻게 달라졌을까? 정 생각이 안 나면 가을에 대한 책을 읽어보는 것도 괜찮을 것 같은데.

정　연 : 아, 생각났어요! 이제 일기 쓸 수 있을 것 같아요.

다음은 이 대화가 있은 뒤 정연이가 쓴 일기이다.

제목 : 가을 풍경

가을이 되면 나무와 사람들이 옷을 갈아입어요.
사람은 긴 코트나 폴라를 입어요.
나뭇잎은 노란색, 빨간색으로 변해요.
그 색소가 카로티노이드랑 크산도필이에요.
날씨에 엽록소가 매우 약해서 죽으면
카로티노이드와 크산도필이 대신 색깔을 내요.
그래서 나뭇잎이 곱게 있어서 행복해요.

있었던 일로만 일기를 쓰려면 매일 새로운 것을 경험해야 한다. 아니면 소설을 쓰는 수밖에 없다. 그렇기 때문에 반복되는 일상생활에서 생각을 달리하고 때로는 상상을 통해 글감을 찾아야 한다. 대화를 해보면 확실히 아이들이 어른들보다 훨씬 창의적이고 생각이 많다. 그래서 아이들은 한 가지 이야기로 일기를 쓰다가 갑자기 다른 생각이 나면 그 생각대로 쓰고, 또 꼬리를 이어서 다른 이야기를 펼쳐 나간다. 나중에 보면 제목과는 전혀 상관없는 내용으로 일기장이 채워지게 된다. 그렇기 때문에 한 가지 소재를 잡고 그 소재와 관련하여 어떻게 생각을 해야 하는지, 생각에 대한 방법을 알려줄 필요가 있다.

방법은 아이에게 관심을 갖고 몇 가지 질문만 던지면 된다. 아이가 아빠와 축구 한 이야기를 소재로 잡았다면, "왜 축구 이야기를 쓰려고 했니?" "바쁘고 피곤하신데 시간을 내주신 아빠에 대해서는 어떻게 생각하니?" "어떻게 축구를 했니?" "축구공을 보면 무슨 생각이 나니?" 등 확실한 소재를 잡을 수 있도록 짧게 질문만 해준다.

소재를 못 잡고 책상 앞에서 시간만 보내고 있는 아이에게는 글감이 될 만한 여러 가지 질문을 하여 생각 주머니에서 창의적인 생각을 꺼내도록 도와준다. 특별한 이벤트를 열어 일기의 소재를 찾도록 해주는 것도 좋은 방법이다. 운동장에 나가 그림자 잡기 놀이를 하거나 가까운 들에 나가 꽃씨를 따는 것도 아이에게는 창의적인 생각을 할 수 있는 통로가 될 것이다.

세상에 태어나서 처음으로 자신의 속마음을 표현하려다 보니 아이들 딴에는 일기 쓰기가 여간 어려운 게 아니다. 이때 아이들이 '왕초보'라는 것을 부모들은 꼭 명심해야 한다. 연필을 잡는 것부터 시작해서 오랫동안 생각한 후 공책의 여백을 채워가는 일까지 결코 쉽지 않다. 그래서 처음 일기 쓰는 아이에게 맞춤법이나 띄어쓰기를 잘하라고 강요해서는 안 된다. 부모들이 아이의 일기장에 빨간 펜으로 틀린 맞춤법이나 띄어쓰기를 고쳐놓는 경우가 있다. 그렇게 되면 아이들은 생각에 몰입을 못하고 글씨체나 주변의 것에 매달리게 되어 일기 쓰는 것을 싫어하거나 매우 어렵게 느끼게 된다. 처음에는 왕초보라는 점을 감안해서 아이의 생각과 느낌을 마음껏 풀어놓게 하자.

이렇게 생각을 글로 쓰는 것이 익숙해지면 다음에는 생각한 이유를 쓰게 한다. 아이들은 세상의 경험은 부족하지만 생각의 크기와 깊이는 어른들의 상상을 초월한다. 그런데 이유를 물어보지 않으면 아이의 번뜩이는 생각을 키워줄 기회를 놓치게 된다. 『어린 왕자』에서 어린 왕자는 코끼리를 삼킨 보아 구렁이 그림을 그렸지만, 어른들은 겉모양만 보고 모자라고 생각한 것처럼 그냥 스쳐 지나가면 아이들의 상상력이 묻히게 된다.

생각한 이유를 쓰다보면 아이들은 자신의 생각을 좀더 구체적이고 생생하게 끄집어낼 수 있게 되고, 논리적인 힘도 기르게 된다. 그러므로 이 단계에서는 아이에게 이런 질문을 꼭 해주자.

"왜 이런 생각을 하게 되었니?"

다양한 형식으로 쓰게 한다

다양한 형식으로 일기를 쓰게 되면 아이들도 즐거울 뿐더러 창의력도 키울 수 있다. 그림일기, 만화 일기, 편지글, 시, 조사 보고서, 기행문, 독후감, 동화 등과 같은 다양한 글을 자유롭게 쓰도록 한다.

가장 손쉽게 쓸 수 있는 것이 그림일기이다. 그림일기는 글의 기초를 잡아주고 상상력과 자기 표현력을 기르는 데 너무도 중요하다. 어린아이들은 아직 언어 구사력이 부족하기 때문에 느낌과 생각을 글로 표현하는 데는 한계가 있다. 하지만 그림으로는 마음껏 표현할 수 있기 때문에 이 그림의 표현이 나중에는 좋은 글이 되어 나온다. 그림을 먼저 그려놓고 그 그림만 설명하는 글을 써도 좋은 글이 나오게 된다. 그림일기는 초등학교에 들어가기 전이라도 연필을 잡을 수 있는 서너 살 정도만 되면 가능하다.

　진수가 그림일기를 그리기 시작한 것은 네 살 되던 때였다. 아이가 최초로 그린 그림일기는 고작 연필로 커다란 동그라미를 그린 것이었는데, "이게 무슨 그림이야?" 하고 물어보니 "돈까스"라고 대답했다. 진수는 낮에 먹은 돈까스를 표현했던 것이다. 진수의 부모는 아이가 그린 최초의 작품인 '돈까스'를 거실에 전시했을 뿐만 아니라 이후 진수가 그린 여러 작품을 거실 이곳저곳에 붙여놓았다. 이런 식으로 진수의 부모는 별것 아닌 것 같은 낙서를 작품화하여 아이로 하여금 자신감을 갖게 해주고 자기 생각을 마음껏 표현하게 해주었다. 이 그림일기 덕분에 지금 5학년인 진수는 그림도 잘 그리고 글도 잘 쓰는 학생으로 소문 나 있다.

　다음은 진수가 초등학교 2학년 때 쓴 시 일기와 만화 일기이다.

　이 밖에도 독서한 뒤의 느낌을 기록한 독서 일기, 할머니와 할아버지께 편지를 쓰는 형식의 편지 일기, 하루를 반성한 반성 일기, 자기의 의지를 담은 실천 일기, 방학 중 생활 계획을 담은 계획표 일기, 역사책이나 과학책을 읽고 그 자료를 기록한 자료 일기 등 일기의 형식은 수를 헤아릴 수 없을 정도로 많다. 내용과 형식에 관계없이 삶과 공부와 놀이와 그 외 모든 것이 일기의 소재가 되도록 한다면 아이들의 표현력과 상상력은 부모가 깜짝 놀랄 정도로 발전하고 커갈 것이다.

　논술의 핵심은 논리적이고 창의적인 생각을 문장으로 표현하는 것이다. 이렇게 일기를 쓰는 것으로 생각을 정리하고 표현하는 연습을 꾸준히 한다면 대입 논술도 걱정할 필요가 없다.

어떻게 하면
책을 좋아하는 아이가 될까?

책과 친해지는 단계

책 읽기가 중요하다는 것은 누구나 알고 있다. 공부 잘하는 아이들이 책을 많이 읽는다는 사실도 많이 알고 있다. 누구나 독서의 중요성을 알고 있는데도 불구하고, 어떤 아이는 책을 좋아하고, 어떤 아이는 책 읽기를 싫어하는 까닭은 무엇일까? 가장 큰 이유는 어릴 때부터 습관을 들여주었는지 여부에 있다. "세 살 버릇 여든까지 간다"고 했다. 어릴 때부터 좋은 습관을 들여놓으면 평생 이보다 큰 재산은 없다. 그래서 책 읽기도 아이가 어릴 때부터 습관을 들이는 데 초점을 맞추어야 한다. 초등학생 자녀를 둔 부모에게는 때늦은 이야기일 수 있지만, 자녀의 독서 습관이 어떻게 형성되는지 알아보기 위해 아이가 갓 태어난 시점부터 이야기를 시작해 보고자 한다.

갓난아기들은 말로 표현하지 못할 뿐 엄마와 끊임없이 대화를 하고 싶어한다. 이때 엄마는 아주 부드러운 음성으로 아기와 대화를 시도한다.

"어유, 우리 아기 잘 잤어?"

"배고프다고?"

"어디, 우리 아기 쉬 했나 볼까?"

이런 일상적인 대화도 있겠지만 그림책을 보여주며 아기에게 이야기를 해줄 수도 있다. 그러면서 "우리 아기는 어떻게 생각해?"라고 질문하기도 하고, "응, 재미있다고?" 하면서 대답을 대신 해주기도 한다. 남들이 보면 말 못하는 갓난아이 데리고 무슨 책 타령이냐고 별스럽게 볼지도 모르지만, 아기가 책과 친숙해지도록 하는 것이다. 아기들은 엄마는 말할 것도 없고, 늘 자기 눈에 보이는 것들을 좋아한다. 그래서 아기가 책과 친해질 수 있도록 아기가 가는 곳에는 꼭 그림책을 놓아두자. 마치 책이 엄마처럼 친근하게 느껴질 수 있도록……

책을 보고 상상하는 단계

아기들은 책을 통해서 바깥세상을 구경하게 된다. 그러므로 그림책을 많이 보는 만큼 간접 경험을 많이 하게 되며, 이것이 나중에 상상

하지만 이따금 난폭한 상어가 나타나,
피피네 가족을 괴롭히고는 했습니다.
물론 그 때마다 아빠돌고래가 용감하게 싸워
상어를 물리쳤지요.

력과 사고력으로 자리잡게 된다.

먼저 그림을 통해 아이가 무한히 상상할 수 있도록 도와주자. 아이는 이 그림을 보고 책에 손짓하며 엄마에게 자기만의 언어로 이야기를 할 것이다. 그러면 엄마는 아이와 같은 손짓으로 빠르게 반응하며 그림에 나와 있는 재미있는 표정을 같이 지어주자. 상어의 무서운 표정, 피피 아빠의 굳어져 있는 표정, 피피 엄마와 피피의 놀란 표정, 그리고 피피네 집 위 창문에서 두 눈만 빼꼼 내민 게들의 표정까지……. 할 수만 있다면 집 옆에 서 있는 물풀의 모양까지 흉내 내어주면서, 아이가 그림책 속에 푹 빠지게 하자. 엄마나 아빠가 이런 쇼를 할 경우 아이들은 깔깔대며 웃고 그 책을 매일 꺼내와 또 읽어달라고 할 것이다. 아이가 이 정도 반응을 보이면 책 좋아하는 아이로 만드는 것은 이미 성공한 것이다.

책을 읽어주는 단계

책을 읽어줄 때 부모의 기분 상태는 너무나 중요하다. 책을 읽어주면 아이들은 부모의 숨소리와 표정뿐만 아니라 내면에 있는 감정까지 다 받아들이기 때문이다. 부모가 기분이 나쁘거나 책임감 때문에 억지로 읽어주는 날은 아이도 즐거워하지 않는다. 하지만 부모가 밝은 목소리로 읽어주면 아이는 단번에 즐거워하며 책꽂이에서 다른 책들도 계속 뽑아 와 다 읽어달라고 할 것이다. 그러므로 엄마, 아빠는 아이에게 책을 읽어줄 때만큼은 동심의 세계로 돌아가 기쁘고 즐거운 마음으로 정성을 다해야 한다. 천둥번개와 같은 효과음이 필요하다면 "우르릉 쾅쾅"이라고 소리쳐 주고, 아기 소리는 귀엽게, 할아버지와 할머니가 나온다면 노인의 목소리로 각기 역할에 맞게 흉내 내어 읽어주면 아이는 책 읽어줄 때 결코 잠들지 않는다. 동화 구연 CD도 충분히 활용할 수 있다. 하지만 이런 오디오북을 이용할 경우에도 처음부터 아이 혼자 들으라고 하지 말고 아이 스스로 푹 빠져들기 전까지는 같이 들어주는 정성을 보여야 한다.

이런 과정을 거친 아이들에게 CD나 오디오북 사용법을 가르쳐주면 나중에는 같은 책을 수도 없이 반복해서 보고 듣게 된다. 이렇게 되면 아이들은 책을 언제 넘겨야 하는지 다음에 나올 말은 무엇인지 알게 되고 심지어 책을 통째로 외우기까지 한다. 이런 현상은 3~5세 정도에 가장 많이 나타난다. 책 읽기를 좋아하는 아이로 만들고 싶다면 결코 이때를 놓쳐서는 안 된다.

같이 읽는 단계

아이가 한글을 조금씩 알아가면 아이와 부모 모두에게 고민이 한 가지씩 생긴다. 아이는 태어나서 4~5년 동안 많은 책을 접해 왔기 때문에 이미 몇 십 쪽 이상의 책을 받아들일 수 있을 만큼 성장해 있다. 비록 읽기는 서툴지만 내용은 빨리빨리 알고 싶은 게 지금 막 한글을 뗀 아이의 심정이다. 그래서 부모에게 계속 읽어달라는 요구를 하는 것이다. 그런데 부모는 아이가 한글을 알게 되었다는 이유로 혼자 읽어보라고 은근히 압력을 가한다. 그것은 아이의 읽기 수준이 이제 막 운전면허를 딴 왕초보 운전자인데 처음부터 서울의 복잡한 거리를 달리라고 강요하는 것과 같다. 시내 연수를 몇 번만 시켜주면 부모가 놀랄 정도의 운전 실력으로 달릴 텐데 말이다.

부모의 고민도 만만치는 않다. 한글을 모를 때는 책을 읽어주는 게 부모의 도리요 사랑이라 생각해서 열심히 해주었다. 하지만 한글을 뗀 지 여러 달이 지났고 혼자 있을 때는 곧잘 읽으면서도 아이는 엄마, 아빠만 보면 무조건 읽어달라고 떼를 쓰는 것이다. 그런 아이가 조금은 걱정이 되기도 한다.

'저러다 혼자서는 책 못 읽는 거 아닌가?'

'내가 맞벌이 엄마라서 아이에게 애정 결핍 증세가 있나?'

'빨리 혼자 읽는 것에 익숙해져야 할 텐데……'

그래도 걱정할 일이 아니니 아이 스스로 읽을 때까지 계속 읽어주어야 한다. 복잡한 시내를 연수시키듯 조금씩 같이 읽어 나가면 된다. 열 권 정도의 책을 읽어주었다면 그 중에서 글이 제일 짧은 책을 골라 아이에게 한 쪽 정도만 읽으라고 하고, 다음부터 조금씩 늘려나간다. 이렇게 하면 초보 딱지를 떼는 것은 시간문제일 뿐이다.

혼자 읽는 단계

인내심을 갖고 같이 읽는 단계를 잘 견디면, 아이는 이제 부모가 읽어준다고 해도 싫다고 할 것이다. 혼자 읽으면서 그림도 자세히 보고 상상도 해보고 감정도 느끼고 싶은데 누군가 끼어들면 흐름이 깨지기 때문이다. 이 단계가 되면 부모의 목소리보다는 훨씬 실감 나게 들려주는 성우의 목소리를 더 좋아한다. '어이구, 이 녀석! 그동안 얼마나 많은 유혹과 피곤을 물리치며 읽어주었는데……' 섭섭하지만 어쩔 수 없다. 아이들이 책을 좋아하게 된 걸로 만족하자.

　하지만 이 단계에서는 책을 읽어주는 것보다 더 큰 번거로움이 생긴다. 부모들은 말한다. "책만 많이 읽어봐라. 너희들이 읽겠다는 책은 빚을 내서라도 다 사주마"라고. 하지만 책값이 생각처럼 만만치 않다. 처음에는 아이가 책 읽는 모습이 대견스러워 몇 십만 원짜리 전집도 척척 사주었다. 그런데 책을 사본 사람은 알겠지만 전집 두세 질만 사도 100만 원을 훌쩍 넘겨버린다. 빠듯한 살림에 12개월 할부로 책을 들여놓았는데, 아이는 한 달도 안 되어 다 읽어버리는 게 아닌가. 그리고 또 사달라고 한다. 이때는 반복해서 읽는 것을 싫어하고 호기심이 많은 시기이기 때문에 아이들로서는 새로운 책을 요구하는 게 당연하다.

부모는 난감해진다. 얼마나 비싼 책인데, 성의 없이 읽어버리고는 또 사달라는지. 적어도 열 번 정도는 읽어야 본전을 뽑지…… 이래서는 안 되겠다는 생각에 부모는 새 책에 스티커를 붙이기로 한다.

"자, 한 번 읽을 때마다 스티커 한 장이다. 스티커 열 개를 붙이면 다른 책 사줄게."

이렇게 되면 아이는 책 읽기를 부담스러워하고 자칫하면 게임이나 다른 곳으로 눈을 돌리기 십상이다. 그야말로 다 된 밥에 코 빠뜨리는 격이다.

이때 가장 좋은 해법이 가까운 도서관을 이용하는 것이다. 도서관에 있는 책을 빌리면 우선 양서(良書)를 읽힐 수 있다. 또한 도서관에는 각종 그림책, 창작 동화뿐만 아니라 백과사전, 과학 서적, 역사 서적 등이 모두 갖추어져 있기 때문에 여러 장르의 책을 골고루 읽힐 수 있다. 주말에 도서관으로 가서 직접 책을 골라 읽게 하고, 지하 매점에서 컵라면이라도 같이 먹으면서 보낸다면 아이는 평생 잊지 못할 추억으로 기억할 것이다. 또한 평생 같이할 좋은 친구 '책'을 소개해 준 부모에게 진심으로 감사하는 마음을 가질 것이다.

독서 지도할 때 주의할 점

다양한 장르의 책을 읽힌다

책에는 여러 종류가 있다. 우리나라 전래 동화를 비롯해서 외국 동화, 창작 동화, 전기, 동요동시, 과학 도서, 역사 도서, 백과사전, 만화책 등. 아이들은 좋아하는 음식만 골라 먹듯이 처음에는 자기가 좋아하는 분야의 책만 편독하기 쉽다. 그래서 독서 지도를 할 때 여러 종류의 책에 골고루 관심을 가질 수 있도록 세심한 배려가 필요하다.

그래서 가까운 도서관을 이용해 아이들에게 여러 종류의 책을 대출해 줄 것을 권한다. 도서관에 아이들과 함께 가는 것이 가장 좋고, 그것이 어렵다면 부모가 적어도 일주일에 한 번은 새로운 책으로 바꾸어주되, 앞에서 말한 것처럼 장르별로 골고루 빌려다 주는 것이 중요하다. 각 장르별, 연령별로 여러 기관에서 선정하는 권장도서 목록을 참고한다면 아이들에게 좋은 책을 읽히는 것은 그다지 어려운 일이 아니다.

어떠한 형태로든 강요는 금물

이제 막 한글을 알아가는 아이가 그림책을 보고 있을 때 한글 읽기를 강요해서는 안 된다.

사과가 그려진 그림책을 보고 있을 때, 엄마가 이야기한다.

"이것은 사과의 '사' 자야. 알겠지? '사', '과' 해봐. 엄마가 뭐라고 했지? 이건 '사과'다, '사과'. 지난번에 무서운 사자 배울 때 배웠지? 다시 한 번 '사', '과' 해봐"

아이들은 사과 그림을 보고 사과나무를 연상할 수도 있고, 사과의 신맛을 느낄 수도 있으며, 사과에 얽힌 이야기를 상상할 수도 있다. 그런데 사과를 보고 '사과'라고만 외치면 아이는 '사과'란 글자밖에 생각하지 못하게 된다. 이것은 책을 통해 얻을 수 있는 수만 가지 가능성과 보물과도 같은 상상력을 깨는 행위이다. 마음껏 상상할 수 있도록 그냥 지켜봐주거나 "이 사과를 보면 뭐가 생각나니?" 정도의 질문으로 생각 주머니 키우기 역할만 해주자.

확인하려 하지 않는다

아이들이 책의 내용에 집중하지 못하고 건성으로 읽는 데에는 나름대로 이유가 있다. 너무 수준이 높아서 제대로 이해하지 못하기 때문일 수도 있고, 재미가 없거나 관심이 없는 분야의 책을 읽어서 그럴 수도 있다. 한 달에 책 30권 이상 읽기 숙제를 한꺼번에 몰아서 할 때에도 건성으로 책장을 넘기게 된다. 특히 초등학교 1~2학년 아이들의 책 읽기를 권장하기 위해서 읽은 책의 수량을 막대그래프로 표시하는 경우가 있는데, 아이들은 그래프의 높이에 따라 선생님에게 사탕을 받기도 하고 못 받기도 하기 때문에 읽은 책의 수를 늘리는 것에만 신경 쓸 수 있다. 이때 사탕은 선생님에게 인정받았다는 증거물이기에 아이들에게는 대단히 중요하다.

그래서 부모는 속이 탄다. 책을 두 권도 못 읽을 시간인데 아이는 벌써 열 권을 쌓아놓고 다 읽었다고 한다. 엄마는 이런 아이의 속임수에 넘어갈 수 없다는 듯 이때부터 내용 확인 작업에 들어간다.

"주인공 이름은 뭐야?"

"몇 년도에 태어났어?"

"이 사람이 왜 죽었지?"

하지만 이렇게 아이를 꽉 조이는 것이 능사는 아니다. 어떠한 형태로든 책과 가까이 있으면 책을 또 보게 되니, 이럴 때는 슬쩍 눈감아 주는 것이 현명하다.

꼭 필요한 책은 집에 갖추어준다

아이들은 아주 감동적이거나 흥미로운 책들은 특별히 애착을 가지고 집에 소장하고 싶어한다. 그리고 이따금씩 꺼내 보기도 한다. 또한 아이들 숙제 중에는 자료를 찾아서 조사해야 하는 것들이 많다. 그런데 도서관에 가지 못할 사정인데, 집에 참고할 만한 자료가 없다면 학습 의욕이 얼마나 떨어지겠는가. 물론 인터넷 검색이라는 손쉬운 방법도 있지만, 단편적이거나 잘못된 정보가 있을 수 있으므로 직접 백과사전 등을 찾는 습관을 들이는 것이 좋다.

몇 년 전 공부를 무척 잘하는 중학교 3학년 학생의 엄마와 대화를 나눈 적이 있다. 3년 내내 전교 1등을 했다는 말에 귀가 번쩍 뜨여 어떻게 공부했는지 물어보았더니 아이가 여섯 살 때부터 지금까지 책 할부금을 낸다고 했다. 공부 방법을 물었는데 할부금이라니? 그 엄마가 동문서답한 이유는 이러했다. 아이 공부 시키려고 학원 한

군데만 보내도 최소한 10만 원 이상은 내야 한다. 그래서 학원 보내는 셈 치고 한 달에 10만 원씩 책 할부금을 내면서 아이 공부에 필요한 부교재를 거의 다 갖추어주었다는 것이다. 그래서 아이가 모르는 것이 나오면 바로 책을 찾아보는 습관을 들이더니 그렇게 공부를 잘하게 되었다는 이야기였다.

자료 찾기를 잘하면 공부 잘하는 아이가 될 수 있다. 따라서 언제든지 궁금하면 찾아볼 수 있도록, 백과사전, 과학 서적, 역사책 등 자료가 될 만한 책들은 꼭 갖추어주자(자료 찾기는 '5 숙제와 자료 찾기, 스스로 학습의 길잡이' 참고).

우등생의 첫걸음은
독서록부터

독서를 습관으로 만드는 독서록

책을 밥보다 더 좋아하는 아이를 종종 만나게 된다. 그 아이들 부모에게 어떻게 했기에 저렇게 책을 좋아하느냐고 물으면 대답은 거의 비슷하다. 책을 읽히려고 특별히 신경 쓰지 않았는데 아이들이 먼저 책을 가져와서 읽어달라고 하고, 스스로 책에 빠져서 이 책 저 책 읽었다는 것이다.

말은 그렇게 하지만 좀더 구체적으로 물으면 부모들 자신이 자연스럽게 느껴서 미처 깨닫지 못할 뿐이지 아이가 책을 좋아할 수밖에 없는 환경을 갖추고 있게 마련이다. 사촌들이 많아서 책을 물려받아 읽게 된 아이, 화장실에 책을 들고 가는 아빠의 습관을 따라 하다가 책에 빠지는 아이, 형이나 언니 공부를 어깨 너머로 배우다 보니 책을 자연스레 가까이 하는 아이 등 이유는 각기 다르지만 책을 좋아할 수밖에 없는 이유를 하나쯤은 가지고 있었다. 자신의 아이가 이 가운데 하나에 해당된다면, 그것은 참으로 축복 받은 일이요 감사할 일이다. 만약 아직 여러 가지 사정으로 책을 많이 접하지 않은 상태라면 서둘러서 환경을 만들어야 한다.

초등학교에 이제 막 입학하여 교실에 앉아 있는 아이들을 보면 겉모습은 아직 아기 같아 보이지만 내면의 공부 저력은 다 달라서 1학기가 지나고 2학기가 되면서부터 서서히 격차가 나기 시작한다. 그 격차는 초등학교 1학년의 경우 알림장, 독서록, 일기장이 말해 주는데, 이 세 가지는 모두 어떠한 형태로든 '쓰기'를 필요로 한다. 그런데 쓰기는 읽기가 바탕이 되어야 가능하다. 결국 충분한 독서를 하지 않은 아이는 읽기와 쓰기 두 가지 스트레스에 시달리게 된다.

학교에서 선생님이 알림장을 빨리 쓰라고 해서 딴에는 열심히 적어 왔는데 엄마는 글씨 좀 또박또박 쓰라고 잔소리한다. 독서록을 쓰려고 해도 읽은 책도 없거니와 어떻게 쓰는지도 모른다. 겨우 책한두 쪽을 짜깁기해서 독서록을 제출하는 게 버릇이 된 채 3년을 지내다 보면 어느덧 본격적인 공부가 시작되는 4학년. 이제는 일기장, 독서록이 문제가 아니다. 학교시험에도 신경 써야 하고, 학원 다니랴 악기 배우랴 게다가 밤에는 태권도까지 아이들은 정말 바쁘다. 이제 바쁘기 때문에 차분하게 앉아 책을 읽고 독서록을 쓸 여유가 없다고 아이들은 느낀다.

하지만 앞에서 이야기한 대로 독서는 모든 공부의 출발이고, 우등생의 제1 조건이다. 그리고 독서록은 독서를 습관으로 만드는 중요한 도구이다. 그래서 초등학교 1학년을 시점으로 독서록 쓰기를 비롯한 독후 활동을 아래와 같이 하는 것이 좋다. 기초가 전혀 안 되어 있다면 학년에 관계없이 처음 1단계부터 시작하기 바란다.

1단계 책 제목 쓰기

무슨 일이든 처음 시작할 때는 쉬워야 한다. 책을 읽고 나서 '아! 이 정도는 얼마든지 쓸 수 있어' 하는 마음으로 시작할 수 있도록 하자. 제목 쓰기는 정말 쉽다.

> 2019. 1. 2.
> ① 꾸러기 피피
> ② 물방개
> ③ 이순신

2단계 읽은 책 목록 만들면서 느낀 점 간단히 적기

번호	읽은 날짜	책 제목	지은이	지은이의 나라	느낀 점
1	2019. 1. 2	꾸러기 피피	채주현	한국	피피 아빠는 용감하다
2	2019. 1. 3	공주님과 누더기 옷	후지다 사쿠라	일본	공주님이 지혜롭다
3	2019. 1. 4	개미와 배짱이	이솝	그리스	개미는 부지런하다
4	2019. 1. 4	브레멘의 음악대	그림 형제	독일	나도 음악대에 들어서 악기를 연주하고 싶다
5	2019. 1. 5	미운 오리 새끼	안데르센	덴마크	다른 오빠들이 못생겼다고 했을 때 불쌍하다

앞의 것과 같은 표를 만들 때 아이가 유치원생이나 초등학교 저학년이라면 칸이 좁은 공책보다는 스케치북에 칸을 넓게 나누어 쓰게 하는 것이 좋다. 읽기와 쓰기를 꾸준히 하며 성취감을 맛볼 수 있도록 30권이나 50권을 돌파했을 때 상을 주는 것도 좋은 방법이다. 이렇게 해서 200권만 무사히 넘기면 그때부터는 상이 없어도 책을 좋아할 뿐더러 쓰는 것을 아주 쉬워한다. 그리고 느낀 점을 쓰게 할 때는 책 내용을 그대로 베끼는 것만 빼고는 어떤 내용의 느낌을 써도 칭찬해 주며 자신감을 갖게 해주어야 한다.

3단계 재미있는 부분의 내용 간추리기

2단계에서처럼 느낀 점 쓰기를 많이 했다고 갑자기 책의 전체 내용을 간추릴 수 있게 되는 것은 아니다. 그리고 처음부터 내용 간추리기를 시키면 아이들은 무척 부담스러워 하며, 부담스러우면 학습 효과를 기대하기 어렵다. 그 대신 책을 다 읽고 나면 가장 재미있었던 곳을 펴보라고 한다. 그리고 다음과 같은 대화를 한다.

엄마 : 우리 자영이가 이젠 책을 아주 좋아하는구나. 지금은 무슨 책을 읽는 거야?

자영 : 『늑대와 일곱 마리 새끼 양』인데요. 굉장히 재미있어요.

엄마 : 그래? 어디가 가장 재미있었니?

자영 : 여기요.

엄마 : 어? 늑대네. 늑대가 지금 뭐 하는 거야?

자영 : 아기 양을 잡아먹으려고 백묵을 먹고 있어요.

엄마 : 백묵? 아니, 백묵을 왜 먹어?

자영 : 엄마 목소리로 변하게 하려고 먹는 거에요.

엄마 : 왜 늑대가 엄마 목소리를 내야 하니?

자영 : 그래야 아기 양들이 엄마인 줄 알고 문을 열어주니까요.

자영이는 『늑대와 일곱 마리 새끼 양』이라는 동화를 읽고 재미있었던 부분 한 쪽에 대해서만 엄마와 대화를 나누었다. 그리고 다음과 같이 독후 활동을 하였다.

2019. 1. 3

제목 : 늑대와 일곱 마리 새끼 양

내용 : 늑대가 새끼 양을 잡아먹으려고 백묵을 먹고 있어요. 백묵을 먹고 엄마 목소리를 내야 새끼 양들이 문을 열어주어요. 새끼 양들이 불쌍해요.

그 밖에 읽은 책 : ① 도로테는 장사

　　　　　　　 ② 라이트 형제

　　　　　　　 ③ 물자라

　　　　　　　 ④ 민들레

　아이들은 쓰기, 특히 무언가를 생각해서 쓰는 것을 부담스러워 한다. 그래서인지 독후감을 쓰라고 하면 한 시간 내내 책만 뒤적거리고 있는 아이들도 있다. 이럴 때는 위의 예와 같이 가장 재미있었던 부분에 대해 무슨 내용인지 질문하고 대화하면서 설명해 준 내용을 그대로 써보라고 하면 쉽게 할 수 있다. 그 밖에 읽은 책도 꼭 적게 하자. 이렇게 하면 책을 읽고 나서 뿌듯함을 느끼게 되어 독서 의욕이 두 배로 올라간다. 아이들의 능력에 따라 처음에는 한 쪽 정도에서 분량을 점점 늘려가면서 내용을 간추려도 좋다.

4단계 전체 내용 간추리기

처음에는 책 제목만 적고, 두 번째는 느낌만 간단히 적고, 세 번째로는 책의 한 부분을 설명하는 것까지 해온 아이들이라면 책의 전체를 설명하는 것이 어렵지 않다. 만약 4단계를 어려워한다면 다시 3단계 연습을 충분히 해야 한다. 책의 전체 내용을 간추리는 것은 독후 활동에서 매우 중요하다. 왜냐하면 내 생각만 적는 일기와는 달리 독후감은 남의 생각 즉 지은이의 의도까지 알아야 하기 때문이다. 글의 전체 내용을 알아야 지은이의 의도를 알 수 있고 지은이의 의도를 알아야 그것에 대한 비평이 나올 수 있다.

전체 내용 간추리기의 하나로 친구에게 책 소개하는 글을 써보는 것도 많은 도움이 된다. 어떤 것이든 소개를 하려면 잘 알아야 하는 법이므로 이 연습을 많이 해보면 글의 전체 내용을 잘 표현할 수 있게 된다.

제목 : 개미와 베짱이

안녕? 민석아, 나 동준이야!

이 책이 너무 재미있어서 너에게 소개할게.

제목은 '개미와 베짱이'야.

줄거리는, 어느 무더운 여름날 베짱이는 바이올린을 켜며 딩가딩가 놀고 있었지만 개미들은 열심히 식량을 나르며 일을 하고 있었어.

그래서 개미들 창고에는 식량이 아주 많았어.

베짱이는 개미들을 비웃었지.

이 좋은 날에 왜 일을 하느냐고 말이야.

어느덧 겨울이 되었어.

개미들은 따뜻한 집에서 많은 식량을 먹고 있는데 베짱

이는 먹을 것이 없어서 굶주리고 있었어.

개미는 베짱이를 가엾게 여겨 음식을 대접했지.

어때? 재미있겠지? 꼭 한 번 읽어봐.

5단계 글의 주제 찾기

글의 전체 내용을 쉽게 간추리는 정도가 되면 글의 중심 생각을 알
아내는 것도 어려워하지 않는다. 주제를 알아맞히는 방법으로 주인
공에게 편지 쓰는 형식을 권하는데, 이것은 독후 활동 중 아이들이
가장 재미있어 하는 것이기도 하다. 아이들은 책을 읽을 때 마치 자
기가 주인공이 된 듯한 느낌을 가지고 있기 때문에 주인공에 대한
호기심과 관심이 대단히 높다. 그래서 주인공에게 편지를 써보라고
하면 내용 정리도 잘하지만 자기의 생각이나 느낌을 자연스레 잘 풀
어놓는다.

아이들은 주인공한테 뭐가 그렇게 궁금한 게 많은지 편지글 안에
는 온통 주인공에게 물어보는 내용으로 꽉 차 있다. 이렇게 주인공
에게 질문하면서 책이 주는 교훈과 주제를 스스로 깨닫게 된다.

안녕? 미운 오리 새끼야.

다른 오리들은 못생겼다고 너를 쪼았지?

아 참! 나를 소개해야지. 나는 김지혜야.

그런데 그때 많은 다른 오리들이 쪼았을 땐 마음이 어땠니?

그리고 백조들이랑 대화했을 땐 어땠니?

들쥐 아주머니가 먹을 것을 주었을 땐 어땠니?

못생겼다고 쪼아도 슬퍼하지 마. 너는 백조니까.

안녕.

6단계 비평하기

글을 읽어 전체 내용을 알고 주제까지 파악했다면 그 다음에는 자기 나름의 비평이 필요하다. 그 방법으로는 아이들이 주인공이 되는 글쓰기가 적당하다. 아이들은 5단계에서 주인공에게 물어본 질문에 대해 스스로 답변할 내용을 갖고 있다. 그래서 자기가 주인공이 되는 글을 써보라고 하면 어른들은 상상하지도 못할 기상천외한 아이디어들이 쏟아져 나와 읽는 이들을 깜짝 놀라게 한다.

　글을 읽고 나면 각 개인의 지식이나 경험, 보는 관점에 따라 글의 해석이 달라질 수밖에 없다. 그래서 독후 활동 후 내 생각이나 느낌을 쓰는 것뿐만 아니라 다른 사람의 생각을 아는 것도 중요하다. 그렇게 하다보면 자신이 생각하지 못한 것을 새롭게 깨닫게 되고 또 남의 생각도 이해하게 되어 폭 넓은 시야를 가질 수 있다. 또 친구들과 이야기를 하면 논리적으로 생각하고 말하는 연습을 하게 되니 일석삼조의 효과가 있다. 따라서 친구들과 책 읽고 토론하기를 적극 권한다.

그런데 평상시 자기의 생각을 표현하지 않는 아이들에게 토론을 하자고 하면 표정이 굳어진다. 책도 많이 읽고 자기 생각이 분명한 아이들도 주저하기는 마찬가지다. 많은 사람 앞에서 이야기하는 것이 쑥스럽고 자신감이 없기 때문이다. 이럴 때는 6단계에서 쓴 내용을 갖고 아이들끼리 돌아가면서 읽게 한다. 그러면 조금씩 말문이 트인다. 토론을 할 때는 토론을 이끄는 사람이 여러 가지 의견을 제시해 주면서 토론을 유도해야 한다. 그러면 어느새 아이들은 흥분하며 토론에 빠져든다. 그 토론의 내용을 노트에 정리하면 훌륭한 독후감이 만들어진다. 아래 사례는 초등학교 5학년 어린이가 토론의 내용을 정리하고 자기 의견을 쓴 것이다.

토론 정리 양식의 예

책제목 개미와 베짱이
작성자 정다희
작성일 00년 00월 00일

토론의 주제
개미가 일을 하지 않는 베짱이에게 먹을 것을 나누어주는 것은 옳은 일인가?

토론 내용

김진혁 : 옳지 않다. 왜냐하면 정신 좀 차려야 하기 때문이다. 성경엔 일을 하지 않는 자는 먹지도 말라고 하였다. 음식을 주지 않으면 '아! 나는 일을 해야 먹고 살 수 있구나'라고 깨달을 것이다.

정다희 : 옳은 일이다. 왜냐하면 만약 개미가 베짱이에게 음식을 주지 않는다면 베짱이는 죽기 때문이다.

백주현 : 옳지 않다. 베짱이도 일을 해서 먹고 살아야 한다. 겨울에도 일을 할 수 있는 가수가 되면 된다.

정하준 : 옳다. 베짱이가 불쌍하니까.

최대욱 : 옳지 않다. 개미가 열심히 일할 때 베짱이는 개미를 놀렸기 때문이다.

종합적인 나의 의견

베짱이가 일을 열심히 안 하였다고 개미가 음식을 주지 않으면 베짱이는 죽는다. 생명을 구하는 것은 큰일이다.

그리고 베짱이가 잘못하였다고 음식을 주지 않으면 그 버릇을 못 고치고 그냥 허무하게 죽는다. 음식을 주면 '아, 이렇게 하면 안되겠구나!'라고 생각하면 다음부터는 열심히 일을 할 것이기 때문이다.

그거 하나 잘못했다고 도와달라고 요청하는 베짱이에게 음식을 안 주는 것은 개미의 성격이 약간 이상하다고 생각한다.

이것과 비슷한 일이 있었다.

버스를 타고 집으로 가려고 하는데 백주현이 1,000원만 꿔달라고 했다. 나는 돈이 없어서 못 주었다. 그래서 백주현은 집까지 걸어서 갔다. 그때는 없어서 못 준 것이고, 만약 개미가 있으면서도 주지 않은 것은 뭔가 이상한 일, 바르지 못한 일이기 때문이다. 그래서 베짱이에게 음식을 주는 것이 옳은 일이라고 생각한다.

7단계 여러 가지 형식으로 다양하게 써보기

책을 읽고 난 후 전체 내용을 잘 간추리고 지은이의 중심 생각도 알고 자기의 느낌과 생각을 잘 정리할 수 있는 단계까지 왔다면 다음으로는 창의력을 마음껏 발휘하게 해야 한다. 그래서 여러 가지 형식이 있다는 것을 알려주고, 글의 종류를 달리해 다양한 글을 쓸 수 있게 해주자.

① 책 내용과 비슷한 경험 쓰기
② 책 내용을 나의 상황에 비추어서 써보기
③ 재미있었던 일 그림으로 표현하기
④ 글의 내용을 만화로 나타내기
⑤ 시로 표현하기
⑥ 책 제목으로 삼행시 짓기
⑦ 책에 있는 그림 따라 그리기
⑧ 책 내용으로 퀴즈 내어 써보기
⑨ 뒷이야기 상상하여 쓰기
⑩ 책에 있는 그림 그리고 말풍선 달기

아이들이 독후감 쓰는 것을 싫어하거나 어려워한다면 그림으로 꽉 채워져 있는 저학년용 과학책을 이용하면 효과적이다. 동화책은 이야기의 흐름도 파악해야 하고 전체적인 것을 알아야 글이 나오는데 과학책은 그림 설명만 해도 글이 쉽게 나오기 때문이다. 아래 글은 과학책에 나온 것을 옮겨 적었을 뿐인데도 훌륭한 독후감이 되었다. 과학도서로 독후감을 쓰면 과학 상식도 풍부해지고 노트 정리와 숙제에도 도움이 된다.

제목 : 배추흰나비

읽은 날짜 00년 00월 00일

배추흰나비는 2~3일 만에 애벌레로 태어난다.애벌레의 색깔은 노란색이다. 점점 자라면서 황록색으로 변한다.
이 애벌레가 배추흰나비가 되면 커다란 눈이 생기는데 이 나비의 눈은 작은 낱눈이 많이 모여서 이루어진 겹눈이다. 그리고 나비의 날개에는 많은 인분으로 덮여 있어 물에 잘 젖지 않는다. 내가 새롭게 안 사실은 배추흰나비는 번데기 상태로 겨울나기를 한다는 것이다.

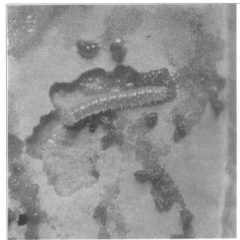

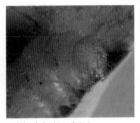

◀양배추를 먹고 있는 애벌레
갓 태어난 애벌레는 노란색입니다. 머리를 양배
추의 잎에 바싹 붙이고 갉아 먹습니다. 녹색의
잎을 갉아 먹으면서 자라는 애벌레는 몸 색깔이
점점 녹색으로 변합니다.

▲잎을 갉아 먹는 애벌레
애벌레는 머리 밑에 있는 큰턱으로 잎을 잘라
먹습니다.

갓 태어난 배추흰나비의 애벌레는 노란색을 띠고 있습니다.
작은 턱으로 양배추의 잎을 갉아 먹고 자랍니다.
애벌레가 자라면 몸의 색깔도 달라집니다.
양배추의 이파리 색과 비슷한 황록색으로 변합니다.
애벌레는 몸이 커지면 탈피를 하여
애벌레보다 열 배나 큰 배추벌레로 자랍니다.

또 글의 내용을 간추리기 힘들어 하는 아이의 경우에는 마인드맵을 이용하면 글이 좀더 쉽게 나온다. 다음과 같이 마인드맵을 그린 후 그것을 문장으로 나타내도 글의 전체 줄거리는 쉽게 간추릴 수 있다.

아기돼지 삼형제 마인드 맵

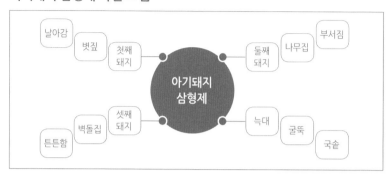

제목 : 아기 돼지 삼형제

읽은 날짜 00년 00월 00일

옛날 옛날 아기돼지 삼형제가 살았어요.

첫째 돼지는 볏짚으로 집을 짓고, 둘째 돼지는 나무로 집을 지었고, 셋째 돼지는 벽돌로 집을 지었어요. 그런데 늑대가 배가 고파 첫째 돼지의 집으로 가서 볏짚으로 지은 집을 '후'하고 불었더니 볏짚으로 된 집이 날아갔어요. 첫째는 나무집으로 된 둘째 집으로 갔는데 늑대가 나무집도 부숴버렸어요. 첫째와 둘째는 벽돌로 튼튼하게 만든 셋째네 집으로 갔어요. 늑대는 그 집이 너무 튼튼하여 들어가지 못했어요. 그리고 굴뚝으로 들어가려다 국솥에 빠져 죽었어요. 그래서 아기돼지 삼형제는 행복하게 살았대요.

시로 표현하는 것을 어려워하는 아이에게는 이렇게 해보자. 바다에 관한 책을 읽은 후에 하고 싶은 말을 다 써보게 한다. 그리고 그것을 서로 연결시킨다.

아이가 바다에 대해서 쓴 말

파도, 출렁출렁, 시원하다, 물놀이, 태양, 첨벙첨벙

철렁철렁 파도야 내 친구에게 편지 전해줘

찬란한 태양아 할아버지께 내 맘을 전해줘

시로 표현한 것의 예

제목 : 바닷가

파도가 출렁거리는

바닷가

내 마음이 저절로 시원해지네

첨벙첨벙 물놀이 할 수 있는

바닷가

나와 친구가 되네

언제나 나의 마음

바닷가

위와 같이 생각나는 대로 열거해 놓은 낱말과 문장을 연결만 해도 훌륭한 시가 되어 나온다.

독서록 지도할 때 주의할 점

부모의 식지 않는 열의가 중요하다

한두 번 해보고 나서 '이건 너무 어려워, 우리 아이에게는 안 맞는 방법이야'라고 포기해 버리면 아무 소용이 없다. 무슨 일이든 꾸준히 해야 결과가 나온다. 밥을 할 때도 불만 당겼다고 밥이 바로 되지는 않는 법 아닌가. 기다리는 시간이 필요하다.

그래서 아이들의 자세보다 부모의 역할이 더 중요하다. '내 아이는 안 돼'라는 생각이 정말 안 되게 만든다. 그러나 '우리 아이도 할 수 있어'라고 생각하는 순간 아이는 바뀌기 시작한다. 부모의 욕심보다는 열정이, 부모의 조바심보다는 인내심이 아이의 진로를 바꾸어놓는다.

단계를 올릴 때 주의하자

똑같은 책을 갖고 같은 시간에 독서 지도를 시작했는데도 아이들마다 편차가 있어서 몇 개월이 지나면 같은 단계에 있는 아이들이 거의 없다. 그런데 부모의 욕심 때문에 아이의 능력보다 난이도를 높이면 예기치 못한 문제들이 발생한다. 사실 독서에서 난이도란 있을 수 없다. 어린아이들이 어려운 과학책을 볼 수도 있고 어른들이 아이들의 동화를 감상할 수도 있는 것이다. 다만 독후 활동을 창의적으로 끌어주기 위한 방편으로 독서록 쓰기 지도를 하는 것이다. 현재 하고 있는 단계가 너무 쉽고 수월해서 아이가 지루함을 느끼는 정도라면 다음 단계로 나아가는 것이 적당하다. 무리하거나 다른 아이들과 비교하지 말고 꾸준히 열의를 갖고 지도한다면 아이들은 독서와 글쓰기를 즐기는 단계까지 이르게 될 것이다.

수능만으로는 우수한 학생을 변별하기 어렵기 때문에 대학들은 논술과 면접의 비중을 높이고 있다. 입시 전문가들도 앞으로는 논술이 대학 입시의 당락을 결정 짓는 중요한 요소가 될 것으로 예상하고 있다. 이런 경향에 미리 대비하는 최선의 방법은 독서와 글쓰기이다.

논술의 핵심은 다른 사람의 말이나 글을 정확하게 이해하고 그에 대해 자신의 의견을 논리적으로 표현하는 것이므로 이를 위해서는 풍부한 독서가 밑받침 되어야 한다.

고교 교사들은 "논술을 잘하려면 여러 고전의 지문을 읽고 그 주제를 파악하는 일차적 능력이 중요하다. 이를 위해서는 시간을 내 고전들을 읽어두는 것이 필수적"이라고 말한다.

초등학교 시절부터 책을 읽는 것과 글 쓰는 것이 습관이 되면 자연스럽게 이해력과 사고력, 표현력이 길러져 논술에 대한 대비가 될 뿐더러 다른 교과목도 수월하게 공부할 수 있게 된다. 글쓰기는 기술이 아니다. 사물에 대한 폭 넓은 이해와 깊은 사고를 나타내는 고도의 학문 과정이다. 기술은 나중에 가르치면 된다. 지금은 많이 읽고, 많이 생각하고, 많이 써보게 하자.

숙제와 자료 찾기,
스스로 학습의 길잡이

아이가 척척 알아서 숙제를 해 가면 걱정이 없겠지만 하루 종일 밖에서 놀다가 저녁 늦게서야 숙제를 하려는 아이들은 부모의 속을 썩이기 십상이다. 마땅히 자료도 없고 방법도 잘 모르는데다 졸음마저 폭풍우처럼 몰려오면 괜한 짜증을 부리며 부모에게 도움을 요청한다. 그러나 짜증나기는 부모 역시 마찬가지. 4학년쯤 되면 저학년 때와는 달리 숙제 분량도 늘어나고 사전이나 대충 베껴서 가도 되는 수준이 아니다. 이미 숙제하기에는 너무 지쳐버린 아이 대신 엄마가 끙끙대기 일쑤이다. "도대체 애 숙제야, 엄마 숙제야!"라는 푸념이 저절로 나오는 이 고민은 어떻게 해결해야 할까?

숙제를 공부 1순위에 놓는다

우선 아이가 학교 갔다 와서 가장 먼저 숙제를 할 수 있도록 유도하자. 부득이하게 저녁에 숙제를 할 상황이면 낮에는 숙제에 필요한 자료라도 찾아놓도록 습관을 들이자. 저녁이 되어 막상 숙제를 할 때 자료가 없다면 곤란해지기 때문이다. 자료를 찾을 때는 처음에는 부모가 도와주어야 한다. 만약 엄마가 직장에 다니고 있다면 다음과 같은 대화가 자연스럽게 이루어질 수 있어야 한다.

> 수지 : (직장에 있는 엄마에게 전화를 건다) 엄마, 오늘 숙제가 '동물의 환경 적응에 대해 조사하기'인데요, 오시다가 도서관에 들려서 자료 좀 빌려다 주세요.
>
> 엄마 : 그래! 우리 수지가 숙제에 필요하다는데 빌려다 줘야지.
>
> 수지 : 엄마, 감사합니다. 아, 그리고요, 재미있는 동화책도 부탁드릴게요.
>
> 엄마 : 알았어. 우리 수지, 기특해라.

자료는 아이가 스스로 챙길 수 있도록 해야 한다. 백과사전을 뒤지거나 직접 도서관에 가서 자료를 찾을 수도 있다. 상황이 여의치 않다면 엄마에게 부탁하는 것도 스스로 챙기는 일이다. 자료만 풍부하게 갖춰져 있으면 숙제는 즐겁게 할 수 있다.

부모는 방향만, 숙제는 아이 스스로

구슬이 서 말이라도 꿰어야 보배가 된다. 숙제에 필요한 자료를 아무리 풍성하게 쌓아놓았을지라도 그 자료들을 분석하여 정리하고 편집할 능력이 없으면 보배로서의 가치를 발휘하지 못하게 된다. 그렇다고 부모가 숙제를 이렇게 해라 저렇게 해라 일일이 참견하는 것은 아이를 의존적으로 만드는 요인이 되므로 관심을 갖되 전체적인 방향만 잡아주어야 한다. 방향을 잡아줄 때 다음과 같은 대화를 시도해 보자.

수지 : 엄마, 이 숙제 어떻게 해야 할지 전혀 모르겠어요.

엄마 : 그래? 그럼 선생님이 왜 이 숙제를 내주셨을까?

수지 : 과학 시간에 환경 적응에 대한 내용이 나오는데요, 수업 시간에 다 할 수 없다고 우선 동물의 환경 적응에 대해서만 조사해 오라셨어요.

엄마 : 그럼 전과 맨 앞장에 나와 있는 학습목표를 같이 보자.

수지 : (전과를 찾아본다) 엄마, 여기 학습목표가 나와요. 동물이 환경에 따라 몸을 변화시키는데 각 동물에 따라 어떻게 적응하는지 알아보는 거네요.

엄마 : 아유, 우리 수지 똑똑해라. 이러다 우리 수지 생물학 박사님 되겠네. 그럼 자료 속에서 몸이 변하는 동물을 찾아서 정리해 봐.

수지 : 엄마, 숙제가 너무 많아서 그러는데요, 조금만 도와주시면
　　　　안 돼요?

엄마 : 암, 도와줘야지. 말만 해. 내가 그림 오려주고 풀 붙이는 것
　　　　을 할 테니 너는 내용을 구성해 봐. 야, 우리 수지 정말 동
　　　　물학자처럼 멋지다. 어떤 거 오려줄까?

　혹시 아이가 못 하겠다고 꾀를 부리거나 해도 숙제를 해주는 일은
없어야 한다. 그저 옆에서 보조 역할만 해주며, 설령 부모 눈에 서툰
솜씨처럼 보여도 있는 그대로를 칭찬해 주자. 초등학교 때부터 부모
가 숙제를 대신해 주면 나중에는 아이 대신 부모가 대학을 가게 될
지도 모른다.

〈동물의 환경 적응〉 숙제의 예

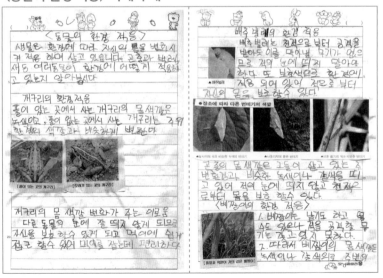

저학년 때부터 관심을 갖고 자료도 찾아주고 칭찬해 주면, 고학년 때는 누구도 생각지 못하는 기발한 아이디어로 숙제를 하게 된다. 학교에서 하는 공부는 일반적으로 선생님은 가르쳐 주고(授) 학생은 배우는(受) 수업을 통해 이루어지게 된다. 그러나 집에서 하는 공부는 숙제를 통해서 모르는 것을 찾아보고 생각해 보고 알아내는 것으로 학교에서 하는 것과는 전혀 다른 형태이다. 따라서 숙제 하는 법을 자세하게 가르쳐주는 것이 필요하다. 아이가 처음 자전거를 배울 때 자상하게 가르쳐주듯이 말이다.

숙제와 자료 찾기, 스스로 공부할 수 있는 힘을 키운다

윤성이는 숙제로 곤충 관련 자료를 갖고 가야 했다. 그런데 자료가 여기저기 흩어져 있어서 들고 가기에 여러 모로 불편했다. 그래서 필요한 자료들을 오려 붙이고 설명을 덧붙여 예쁘게 정리한 뒤 코팅까지 해서 가지고 갔다. 다른 친구들은 대부분 곤충에 관한 책만 한 권씩 그냥 들고 왔다.

윤성이는 내심 뿌듯한 마음으로 숙제 검사를 받는데 아니나 다를까 선생님은 예쁘게 코팅된 숙제를 앞으로 들고 나가서 윤성이를 칭찬하셨다. 윤성이 숙제는 1학기 내내 교실 벽에 붙어 있었고 그날 이후 윤성이는 '숙제 잘하는 아이'의 대명사가 되었다. 이 일로 해서 자신감이 생긴 윤성이는 이후 적극적으로 수업에 참여하는 아이로 바

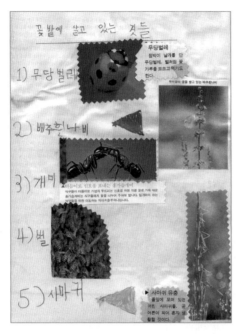

꿰었다.

윤성이가 숙제를 잘할 수 있었던 비결은 바로 신문에 있었다. 윤성이는 집에서 매일 구독하는 신문의 사진을 오려서 『초등대백과사전』에 끼워놓았던 것이다. 꼭 신문이 아니라도 지난 학년 전과나 잡지 속에도 자료가 될 만한 그림이나 사진은 무궁무진하다. 이걸 오려서 대백과사전의 관련 항목 사이에 꽂아만 두면 숙제할 때나 준비물을 챙겨 갈 때 나만의 작품이 탄생하게 된다.

이렇듯 대부분의 숙제는 자료를 찾고 그것을 정리하는 것으로 되어 있다. 따라서 자료를 잘 찾고 정리하는 것이 숙제를 잘할 수 있는 열쇠가 된다. 숙제는 아이의 문제 해결 능력을 키워주는 것이 목표인데, 이것은 자료 찾기의 목표이기도 하다. 자료 찾기를 하게 되면 스스로 공부할 수 있는 힘이 생기고, 지식도 더 깊어진다.

부모들이 그토록 바라는 스스로 공부하는 아이는 자료 찾기와 참으로 밀접한 관계가 있다. 어릴 때부터 자료 찾기가 습관이 되어 있는 아이들은 공부를 할 때 숨은 그림 찾기라도 하듯 재미있어 한다.

공부에서 재미를 느끼는 아이가 스스로 공부하는 것은 너무도 당연한 일이다.

초등학교 교과서를 살펴보면 처음에는 간단한 개요가 나오고 다음에는 그림이나 사진이 이어진다. 그리고 사진과 그림 옆에는 간단한 질문과 과제만 나온다. 무엇에 대해 조사해 보자, 이야기해 보자, 찾아보자, 활동해 보자, 이런 식이다. 그런데 많은 아이들이 교과서에 나와 있는 질문에 간단한 답만을 적어 공부한다. 이런 아이와 그 단원과 관련된 참고 자료를 찾아보며 공부한 아이는 고학년이 되면 큰 차이를 보인다. 그리고 한번 벌어진 격차는 쉽게 좁혀지지 않는다. 왜냐하면 지식의 양보다 깊이에서 많은 차이가 나기 때문이다. 숙제를 하고 자료 찾기를 하다 보면 교과서에 나오는 내용 외에도 다양한 배경 지식이 생긴다. 이 배경 지식으로 다음 학년에서 심화되어 나오는 교과를 쉽게 이해할 수 있게 되고 그렇게 되면 공부가 더욱 쉬워진다.

자료는 어디에서 찾나?

교과 과정에 딱 맞는 자료를 구하기란 그리 쉬운 일이 아니다. 요즘은 부교재들이 넘쳐나고 인터넷에도 각종 정보와 자료가 홍수를 이루고 있지만, 아이 눈높이에 맞는 자료를 찾아주는 데에는 많은 어려움이 따른다. 어디에서 자료를 찾을 수 있는지, 그 방법을 안내한다.

교과서 꿰뚫어보기

자료 찾기에 성공하려면 먼저 자신에게 필요한 자료가 무엇인지 알아야 하는데, 이를 위해서는 교과서를 꿰뚫어보아야 한다. 교과서에 나오는 그림과 질문들을 면밀하게 살펴보고 나서 그 단원에서 꼭 알아야 할 내용에 맞게 어떤 자료들을 수집하여 정리할 것인지 생각하는 것이 우선이다.

실천사항

● 어떤 자료를 수집할지 수첩에 간단히 적어놓는다.

가까운 도서관 이용하기

도서관에는 과목별로 필요한 부교재들이 다양하게 준비되어 있다. 그러나 도서관에 가기만 한다고 내 입맛에 맞는 자료가 바로 나타나는 것은 아니다. 아마 처음에는 자료를 찾는 데 한나절을 꼬박 소비할지도 모른다. 하지만 그런 시간을 보낸 만큼 자료 찾기는 갈수록 쉬워지며 시간도 줄어든다. 그렇게 몇 개월 동안 도서관 이곳저곳에 있는 자료를 찾다보면 나중에는 무슨 자료가 어디에 있는지 눈 감고도 훤히 알게 된다.

실천사항

● 각 과목에 필요한 책을 찾아 필요한 분량만큼 대출하거나 복사한다.

● 당장 필요하지 않더라도 다음 단원에 필요한 자료라면 책 제목과 출판사를 적어둔다.

●대출했던 책 목록을 적어놓았다가 다음에 이용할 때 참고한다.

서점 이용하기

사전류는 대출이 안 되기 때문에 서점에서 사야 한다. 이때도 무조건 유명 출판사의 것을 사기보다는 내 아이와 눈높이가 맞는지 생각해야 한다. 일주일에 한 번은 서점에 들러 새로 나온 부교재에도 관심을 기울일 필요가 있다. 서점에 자주 들르다 보면 학교 교육의 흐름과 방향을 쉽게 파악할 수 있게 된다.

실천사항

●당장 구입하지 않더라도 새로 출간된 부교재의 제목, 출판사 그리고 어떤 분야에 필요한지 적어놓는다.

잡지 이용하기

초등학생이 볼 수 있는 잡지에는 여러 종류가 있지만, 특히 과학 잡지는 사진과 그림 자료가 풍부하기 때문에 최고의 학습 자료가 된다.

큰아이인 창혁이가 초등학교 4학년 때, 지층과 화석에 대해서 배울 무렵이었다. 아이가 부교재를 열심히 찾던 중에 문득 "아! 교과서에 나오는 이 그림 어디서 봤는데……" 하더니 지층에 대한 기사가 실린 과학 잡지를 찾아내어 읽으며 정리했던 적이 있다. 그런데 이 과학 잡지가 정작 유용하게 쓰인 것은 3년이 지난 중학교 1학년 때였다. 중학교 1학년 과학 시간에 암석에 대해 배우는데 무척 어려워했다. 그도 그럴 것이 초등학교 때에는 암석이라고 해봐야 고작 퇴적암, 화강암, 현무암 정도만 배웠는데, 중학교에서는 이 암석들을 색깔이나 강도에 따라 아주 세분하여 석영, 흑요석, 정장석, 흑운모, 형석, 활석, 금강석이라고 부르니 어렵기 짝이 없는 것이었다. 아이는 여러 가지 부교재를 찾아보며 그 암석들에 대해서 공부하려 했지만 용어가 어려워서 무척 힘들어 했다. 그러다 문득 4학년 때 보았던 과학 잡지를 떠올렸고 다시 보니 그 잡지에는 아이가 알고 싶었던 내용들이 자세한 사진과 함께 쉽게 설명되어 있었다.

실천사항

● 잡지를 분야별로 분류해서 원하는 자료를 쉽게 찾아볼 수 있도록 한다.

사진 찍어 활용하기

책을 뒤져도 필요한 자료를 구하지 못하는 경우가 있다면 직접 사진으로 찍어 정리하면 좋다. 창혁이는 초등학교 1학년 때 '여러 가지 집'을 배우면서 한옥의 모습을 직접 사진으로 찍어 정리했다. 우선 민속촌을 견학했을 때 찍은 사진들을 붙이고 학습지에 나와 있는 한옥의 내부 모습을 오려 붙였다. 그리고 한옥의 특징과 좋은 점을 쓴 뒤 코팅하여 학교에 제출했다. '집에서 함께 사는 동물'을 배울 때에도 역시 창혁이는 사진을 직접 찍어 역시 스스로 정리했다. 이렇게 하면 나만의 독특한 자료를 만들 수 있다.

신문 활용하기

신문에는 많은 사진과 그림, 도표들이 실려 있다. 그날 당장은 별 대수롭지 않은 것들이지만 이것을 모아두면 몇 년 후에는 훌륭한 자료가 된다. 신문에 실린 사진이나 그림들을 오려 백과사전의 해당하는 페이지에 끼워둔다면 훌륭한 학습 자료로 활용할 수 있다.

실천사항

- 신문에서 여러 가지 사진이나 그림들을 오려 백과사전 속에 분야별로 끼워놓는다.
- 신문 파일을 주제별로 따로 만들어도 좋다.

관광 안내도 활용하기

여행할 때 생기거나 따로 준비하게 마련인 관광 안내도나 책자들을 모아두면 훌륭한 자료가 된다. 이런 자료에는 그 지방의 지형과 특산품, 지명의 유래 및 유적과 유물 등이 자세하게 기록되어 있기 때문에 각 지방을 조사하는 숙제를 할 때는 매우 유용하게 쓰인다.

창혁이는 낙동강을 탐사하기 위해 안동에 갔을 때 각종 관광 안내도를 수집해 놓은 적이 있었다. 그런데 3년 후 중학교 사회 수행평가에서 자신이 좋아하는 지방의 관광 안내 팸플릿을 만드는 것이 주제로 나왔다. 이 수행평가에서 창혁이는 이 자료를 활용하여 만점을 받을 수 있었다.

숙제는 꼭 해 가야 한다. 그것도 아이들 혼자 힘으로. 공부든 숙제든 처음부터 잘하는 아이는 없다. 노력하다 보면 자신감이 생기고 자신감이 생겨 자꾸 하다보면 습관이 되어 어느새 흔들리지 않는 실력을 갖추게 되는 것이다. 숙제는 아이의 문제 해결 능력을 길러주는 훌륭한 학습 방법이다. 숙제를 잘 활용하면 평생 아이의 재산으로 남을 것이다. 하지만 부모가 모든 것을 다 해결해 주는 숙제라면 차라리 안 하는 것이 낫다. 이런 아이는 자라서도 부모에게 많은 것을 의존할 가능성이 높다. 스스로 책임감을 갖고 적극적으로 문제 해결을 위해 덤비는 아이가 진정 가능성이 있는 아이다. 이런 힘이 저력이 되어 중·고등학교에 들어가서도 학원이나 과외의 도움 없이 스스로 공부할 줄 아는 아이가 되는 것이다. 스스로 자료를 찾는 것이 습관화된 아이는 보물창고의 열쇠를 갖고 있는 것과 마찬가지다.

노트 정리는
보물 쌓기

○ 노트 정리의 기술

스마트기기에 익숙하기 때문인지 요즈음 아이들은 손으로 쓰는 것을 싫어하고 노트 정리도 귀찮아한다. 하지만 이 귀찮은 노트 정리는 시험과 매우 밀접한 관계가 있다. 학교에서 보는 중간고사나 기말고사는 교과 담당 선생님들이 출제하는데, 문제는 거의 대부분 선생님들이 칠판에 써준 것에서 나온다. 선생님이 가르치지 않은 곳에서 문제가 나오는 경우는 없다고 해도 틀린 말이 아니다.

자료 찾기가 보물찾기라면 노트 정리는 찾은 보물을 창고에 차곡차곡 정리해 쌓아두는 것과 같다. 노트 정리 하는 습관을 통해 나중에는 자료 정리하는 방법을 터득하게 되는데, 머릿속에 지식을 넣는 것 못지않게 노트를 비롯한 자료 정리가 중요하다. 정리되어 있지 않은 자료는 필요할 때 제대로 사용할 수 없을 뿐더러, 정리하는 습관이 몸에 배어 있지 않은 아이는 많은 걸 놓칠 수밖에 없기 때문이다.

선생님이 한 말이나 써준 내용을 노트에 정리하기

학교에서 선생님이 중요하다고 강조했던 말, 밑줄 그으라고 했던 말은 꼭 노트에 적어두어야 한다. 심지어 이건 꼭 시험에 나온다고까지 말하는 것이 있는데, 이런 선생님의 말을 모아 노트에 꼼꼼히 정리해 두면 이것보다 더 확실한 해답지가 있을까? 선생님이 농담한 것까지 적어놓고 "아, 맞아, 그때 선생님이 이런 농담하시면서 외우라고 하셨지!" 하며 공부하는 아이도 있다.

운동회, 수학여행, 각종 발표회 등 행사가 많기 때문에 미처 나가지 못한 진도를 특히 사회, 과학 과목은 필기를 통해 해결하는 경우가 많이 있다. 이런 노트 필기는 또 하나의 해답지가 된다. 선생님들은 거의 핵심적인 말들을 적어주는데 언뜻 필기한 것만 보면 어려워 보인다. 핵심이 되는 용어뿐이고 해설은 적혀 있지 않기 때문이다. 하지만 노트 정리한 것을 갖고 교과서나 자습서에 자세히 나오는 설명을 참고하면서 다시 정리해 두면 시험은 크게 걱정하지 않아도 된다.

학습목표 정리하기

의외로 학습목표 정리의 중요성을 모르는 아이들이 많다. 학습목표가 정리되어 있지 않은 것은 어디로 가야 하는지도 모르고 기차를 타는 것과 다르지 않다. 어떤 과목이든지 단원 맨 앞쪽에 학습목표가 나오는데, 이것을 꼭 정리해 두어야 한다.

처음에는 학습목표가 무엇인지 읽어만 보고 교과서의 내용을 충분히 공부한다. 그리고 마지막에 학습목표와 그에 맞는 핵심 내용을 함께 정리한다. 핵심을 정리할 때에는 교과서나 자습서를 그대로 베끼지 말고 자기가 이해한 바대로, 자기식 언어로 정리하면 좋다. 자습서에 나와 있는 대로 베껴놓으면 뜻을 잘 모른 채 문자 그대로 외워버리기 쉽지만 자기식 언어로 정리하면 충분히 이해된 상태에서 머리에 각인되기 때문이다.

나만의 방법으로 정리하기

어떤 아이는 노트에 깨알 같은 글씨로 앞뒤 여백 없이 빼곡하게 적어놓는 경우가 있다. 그 학생에게 시험 때는 이 노트를 암기 노트로 사용해야하기 때문에 그 내용을 다 외워야 한다고 말했더니 순간 기가 질린 표정이었다.

노트는 선생님의 말씀과 교과서의 핵심 내용을 요점만 뽑아서 내가 알아보기 쉽도록 나만의 독특한 방법으로 정리해야 한다. 그리고 제목만 보아도 내용이 한눈에 들어올 정도로 색깔 있는 볼펜으로 제목을 꾸미는 것이 좋다. 또 제목과 설명을 쓰고 다음 제목으로 넘어갈 때는 알아보기 쉽게 한 줄을 띄워 쓴다.

또 한 페이지를 다 채우지 말고 80% 정도만 쓰고 여백을 두는 것이 내용을 알아보기 편하다. 여기에 멋진 그림 솜씨로 내용과 관련 있는 삽화 하나씩 넣어서 정리하면 노트 정리 만족도는 100%이다.

오답 노트 정리하기

노트 정리가 끝나면 다음 단계로 테스트가 필요하다. 테스트의 방법은 당연히 문제 풀이다. 시험 문제가 아이들이 정리한 대로만 나오면 얼마나 좋을까. 확실하게 정리한다고 했는데, 막상 문제의 보기를 보니 꼭 두 개가 헷갈려 아이들 가슴을 답답하게 만든다. 고민고민한 끝에 찍긴 했는데 그만 틀려버렸다. 하지만 이런 경우 답을 맞추지 못한 걸 오히려 감사해야 한다. 연습에서의 오답은 실전에서는 해답지나 마찬가지이기 때문이다. 물론 오답 노트를 통해 틀린 원인을 제대로 알았을 경우에만 그렇다. 확실하게 이해하지 못한 상태에서 문제를 틀렸기 때문에 제대로 알고 나면 다시는 그런 문제는 틀리지 않게 된다.

그렇기 때문에 틀린 문제는 반드시 정리하고 넘어가야 한다. 틀린 문제를 또 틀리는 경우가 많은데, 그건 오답 노트를 만들지 않기 때문이다. 그건 자신에 주어진 좋은 기회를 발로 차버리는 것과 별로 다를 바 없다.

오답 노트 정리 방법의 예

문제 1) 다음 중 정육면체와 직육면체에 대한 설명으로 틀린 것은 어느 것입니까? (2)

① 직육면체의 면은 모두 6개입니다.
② 정육면체의 꼭지점은 모두 8개입니다.
③ 직육면체의 모서리는 모두 16개입니다.
④ 직육면체의 두 밑면은 모양과 크기가 같습니다.
⑤ 정육면체의 면의 크기와 모양이 모두 같습니다.

위의 문제는 틀린 답을 찾는 것이다. 여기서 정답은 ③번인데 학생은 오답인 ②번을 선택했다. 이 학생은 꼭지점과 모서리의 개념을 정확히 알지 못하고 있다.

수학 오답 노트
정육면체와 직육면체에 대한 설명

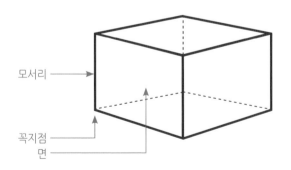

- 직육면체, 정육면체의 면의 개수 - 6개
- 직육면체, 정육면체의 꼭지점의 개수 - 8개
- 직육면체, 정육면체의 모서리의 개수 - 12개
- 직육면체의 두 밑면의 모양과 크기는 같다
- 정육면체의 면의 크기와 모양은 모두 같다

위의 예처럼 시험에서 틀린 문제를 먼저 쓰고, 문제에 관계된 그림이 있으면 그린다. 그리고 문제에 맞는 문항을 모두 쓰고, 틀린 문항은 정답을 찾아 고쳐서 정리한다. 이렇게 해놓으면 정육면체와 직육면체의 면의 개수, 꼭지점의 개수, 모서리의 개수를 정확하게 알고 넘어가기 때문에 문항을 달리하여 이와 비슷한 문제를 내도 다시는 틀리지 않는다.

오답 노트의 목적은 문제를 통해서 개념을 정확하게 이해하고 비슷한 유형의 문제에서 실수를 반복하지 않도록 하는 데 있다. 틀린 문제뿐만 아니라 몰라서 찍었다가 맞은 문제도 오답 노트에 정리해야 한다.

연습장도 정리, 보관하기

연습장은 그야말로 연습하는 종이에 불과하다. 그런데 이 쓸모없는 연습장을 잘 활용하면 한 번 쓴 물건을 재활용하듯이 다시 한 번 유용하게 쓸 수 있다.

연습장을 가장 많이 쓰는 과목은 아마도 문제를 풀 때 계산을 하는 수학일 것이다. 그런데 이때 여기저기에 아무렇게나 쓴 연습장은 다시는 쓸 수 없는 폐휴지밖에 되지 않는다. 하지만 다음 그림과 같이 6등분이나 8등분하여 한 칸에 하나씩 계산해 놓으면 여러 가지 이득을 많이 볼 수 있다.

우선 계산하는 과정에서 틀렸다면 어디에서 틀렸는지 정확하게 알 수 있다. 아이들이 문제 푸는 과정은 이해하고 있지만 계산에서 작은 실수를 했을 경우 어떤 계산이 틀렸는지 바로 알게 된다.

두 번째로 답을 옮겨 적을 때 실수하지 않게 된다. 문제를 정확하게 풀어놓고도 연습장에 여러 숫자들이 어지럽게 적혀 있어 가끔은 엉뚱한 숫자를 적어놓는 어이없는 경우도 있다.

세 번째로 앞에서 풀어본 문제와 비슷한 문제인데 헷갈릴 경우에 쉽게 찾아볼 수 있다는 점이다. '이 문제 어떻게 풀었더라?' 하는 경우에는 칸 나누기 연습장을 얼른 찾아보면 된다.

이런 칸 나누기 연습장을 초등 1학년 때부터 잘 모아두면 또 하나의 훌륭한 수학 선생님이 된다. 부족한 부분을 쉽게 발견하여 채워갈 수 있기 때문이다.

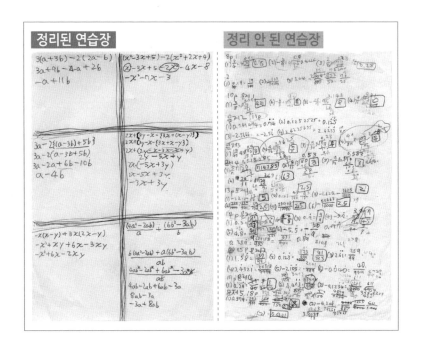

나만의 용어집 만들기

독서량이 부족한 아이들은 어휘나 개념을 이해하는 데 곤란을 겪는다. 서술형으로 된 문제를 풀거나 수학에서 문장제 문제를 풀 때도 어려움을 느낀다. 요즈음은 교과서도, 출제되는 문제 유형도 생각을 많이 하도록 유도하는 추세이다. 생각은 어휘나 교과서 용어를 활용해 이루어지므로 아이들에게는 개념과 어휘의 이해가 큰 과제가 된다. 길게 보면 독서를 많이 할 수 있도록 유도하는 게 필요하고, 공부할 때는 나만의 용어집을 만들면 큰 도움이 된다.

또한 뜻을 모르는 용어가 계속 나오면 인내심의 한계를 느끼게 되어 스스로 공부하는 것이 어려워지므로, 모르는 용어가 나왔을 때에는 즉시 국어사전을 찾아보아야 한다. 가능하면 한자(漢字)도 같이 쓰고 한자사전을 찾아 그 뜻까지 쓰게 하면 완벽한 용어 정리가 된다. 각 과목마다 자기만의 용어집을 만들어놓고 공부할 때마다 활용하게 하자.

용어집을 만드는 것이 어렵다면 자기가 보는 참고서 안에 용어를 정리하여 포스트잇이나 메모지를 붙여놓는 것도 좋은 방법이다. 그러면 공부할 때마다 보게 되어 머릿속에 평생 재산으로 남게 된다. 용어 정리가 된 참고서도 버리지 않고 계속 자료로 남겨놓으면 언젠가 숙제 도우미로서 큰 역할을 하게 될 것이다. 혜성이는 모르는 사자성어를 찾아 메모지에 정리한 후 문제 옆에 붙여놓았다.

국어는
사고력의 저수지

초등학교 신입생이 1학기의 학교 적응 기간이 끝나면 책가방에 꼭 챙기는 것 중 하나가 받아쓰기 공책이다. 요즘 한글을 못 떼고 학교에 입학하는 아이들은 거의 없는데 부모들은 아이들의 받아쓰기 점수에 대한 기대가 아주 크다. 이때는 학교에서 달리 시험을 보거나 다른 평가를 하지 않기 때문이다. 그런데 받아쓰기 점수를 90~100점을 맞는 아이들의 부모는 아이가 국어를 참 잘한다고 생각하며 자칫 국어 공부를 소홀히 하기 쉽다. 그러다가 고학년이 되어 국어 점수를 낮게 받아오면 "네가 요즘 공부를 않더니 국어 점수가 이게 뭐냐"며 야단을 치기도 하지만 사실 부모라고 뾰족한 수가 있는 것은 아니다.

영어, 수학이라면 과외를 시켜서라도 보충을 하겠지만 국어는 마땅한 선생님도 없을뿐더러 뭐 그렇게까지 돈 들일 필요가 있을까라고 생각하게 마련이다. '아직은 어리니까 말뜻을 잘 몰라서 그럴 거야. 우리나라 말이니까 조금 크면 다 이해하겠지'라는 막연한 기대를 가져보기도 한다. 그래도 손 놓고 있기에는 좀 답답하여 자습서와 문제집을 잔뜩 사다가 열심히 시켜보지만 기대만큼 국어 성적이 좋아지지는 않는다. 이런 식으로 초등학교 6년을 보내고 중학교에 입학하면 아이에게는 국어가 가장 어려운 과목으로 다가온다.

　수학은 공부를 하면 한 만큼 성적이 눈에 띄게 올라간다. 그러나 국어는 기대치보다 낮게 나온다. 어쩌면 당연한 것일 수도 있다. 국어는 단순한 과목이 아니라 듣기, 말하기, 읽기, 쓰기, 국어 지식, 문학 등 그리 쉽지 않은 여섯 분야가 있는 것이나 마찬가지이기 때문이다. 책을 많이 읽었다고 꼭 국어를 잘하는 것은 아니다. 단지 국어의 한 영역만을 공부한 것뿐이다. 국어의 여섯 가지 영역을 모두 잘해야 국어를 잘하는 것이며 국어도 나름대로 공부가 필요하다.

듣기

엄마가 무슨 말을 해도 흘려 듣는 아이들이 있다. 앞에서는 '예, 알겠어요.'라고 답을 했는데, 나중에 물어보면 엉뚱한 말을 하는 것이다. 이런 현상이 반복되는 아이라면 공부를 하는데도 같은 현상이 나타난다.

　선생님의 말을 잘 듣는 것 같은데 확인해서 물어보면 전혀 인지가 안되어 있는 것이다. 이런 현상의 원인을 몇 가지로 나누어 볼 수 있다.

생각이 다른 곳에 분산되어 있어 공부를 하면서도 딴생각을 하거나 머릿속에 들어 있는 어휘량이 부족하여 정확한 내용이해가 되지 않을 때 흘려 듣게 된다.

위에서 말한 몇 가지 원인을 좀더 살펴보면 두뇌와 깊은 관련이 있다는 것을 알 수 있다. 사람의 귀에 들려지는 소리가 고막을 진동시키고, 그것이 청신경을 타고 뇌에 전달된다.

그리고 뇌에 전달된 갖가지 정보들은 시냅스를 형성하며 뇌를 활성화시킨다. 뇌 과학의 연구에 따르면 모태에서부터 12세까지는 청각적 자극에 의한 뇌의 발달이 활발하게 이루어진다고 한다. 그래서 부모가 태아 때부터 아름다운 음악을 들려주고, 이야기를 들려주면 언어와 정서발달에 도움을 주게 된다. 그렇기 때문에 본격적인 학령기가 시작되기 전부터 아이들의 언어발달과 정서적인 안정을 위해 부모가 많은 관심과 노력을 기울여야 한다.

그러나 실상은 아이들이 태어나면서부터 유해전자파에 쉽게 노출이 되고 비교육적이고 현란한 사운드로 이루어진 미디어로부터 강력한 영향을 받고 있다. 이러한 영향으로 언어의 처리와 관련이 있는 측두엽에서 청각정보를 제대로 처리하지 못하여 듣기가 잘 안되는 경우도 있다.

이런 현상이 지속되면 갈수록 주의집중력이 약해지고 이것이 언어능력의 발달을 늦추게 된다.

결국 듣기의 문제가 학습에 악영향을 주게 되는 것이다.

결론적으로 아이들이 듣기를 잘하기 위해서는 가정의 문화가 달라져야 한다. 가족들이 함께 클래식 음악을 듣기도 하고, 부모가 고전이나 문학작품을 읽고 그 내용을 아이들에게 들려주는 것도 좋다.

그리고 자녀로 하여금 책을 소리 내어 읽게 하고 주된 내용을 말해 달라고 하는 것도 매우 효과적이다. 이때 아이들이 말할 때 눈을 마주치고 잘 들어주어야 한다. 이것이 아이들이 듣기를 잘 할 수 있는 좋은 토양이 된다.

말하기

선생님으로서 아이들과 수업을 하면서 가장 궁금한 것은 과연 아이들이 이 학습주제를 제대로 이해를 하고 있는가 하는 것이다. 그래서 필자는 아이들에게 자신이 이해한 것을 꼭 말로 해 보도록 한다.

학교에서 아이들의 실력을 평가하기 위해 시험을 보지만 사실 가장 확실한 방법은 말로 표현하는 '구술(口述)'이다.

대학입시에서 수시입학 전형 중의 한가지인 논술(論述)도 수많은 학생들을 일일이 구술로 평가를 할 수가 없기에 글로 쓰는 논술로 평가를 하는 것이다.

그래서 논술로 학생의 실력을 평가하는 것은 사실 '말하기'능력을 평가하는 것과 같다. 여기서 '말하기'는 단순히 말을 조리 있게 잘한다는 것을 넘어서 '어휘력과 이해력' 그리고 '논리력과 창의력'과 같은 '생각의 깊이와 표현력'을 뜻한다.

아이들을 가르쳐보면 유난히 말이 많고 질문이 많은 아이들이 있는데, 이것은 그만큼 어떠한 면에서 사고작용이 활발하다는 뜻이기도 하다. 이 아이들 중에서도 학습주제와 관련한 탐구심과 지적 호기심으로 질문을 하는 경우가 있고, 이와 반대로 공부와 전혀 관계없는 주변적인 이야기들을 계속 늘어놓음으로써 오히려 공부에 방해가 되는 경우도 있다.

한편, 공부를 할 때 거의 말이 없는 아이들이 있다. 이 아이들 중에서도 학습주제와 관련한 생각에 깊이 몰두하는 경우와 아무 생각이 없이 멍하니 있는 경우가 있다.

이때도 생각이 깊은 아이들에게 거꾸로 질문을 해 보면 이해한 내용과 자신의 생각을 체계적으로 표현을 한다.

그러나 멍하니 있는 아이들에게는 아는지 모르는지 몇 차례 확인을 해 보아도 몇 마디 짧은 대답에 그치는 경우가 많다.

그래서 '말하기'는 단지 말을 잘하도록 훈련하는 것이 아니라 '생각하는 힘'을 키우는 과정이다. 자녀의 '생각하는 힘'을 키우기 위해서 주말에는 가족들이 함께 책을 읽고 토론하는 것이 많은 도움이 된다.

먼저 책의 내용을 간략하게 요약하는 것으로 있는 사실을 잘 정리하는 법을 배우게 되고, 이것을 바탕으로 여러 가지 논거를 제시하며 자신의 의견을 설득력 있게 표현하는 방법을 배우게 된다.

꼭 대학입시를 위한 논술이 아니어도 이처럼 토론으로 표현 능력을 키운 사람들은 회사에서도 프레젠테이션을 통해서 그 실력을 인정받기도 한다.

읽기

대부분의 부모들은 자녀가 초등 저학년일 때에는 읽기능력이 학습에 매우 큰 영향을 끼친다는 사실을 잘 알지 못한다. 초등 저학년까지는 읽기능력이 우수한 아이와 그렇지 않은 아이의 격차가 겉으로 보기에 크게 나타나지 않기 때문이다. 그러나 자녀가 고학년에 접어들면서 점차 공부가 안 되는 원인이 읽기능력과 아주 밀접한 관계가 있다는 점을 느끼기 시작한다.

교통수단을 이용하면 가고자 하는 목적지까지 빠르게 갈 수 있는 것처럼 읽기능력은 자녀가 우등생의 고지를 향해 가는 매우 중요한 수단이다.

중하위권 학생들을 가르쳐보면 첫 번째로 통과해야 할 관문이 '읽기의 문'임을 바로 알게 된다. 공부는 개념을 이해하는 것에서부터 출발하는데 읽기능력이 부족한 아이들은 학습주제와 관련한 용어들이 무슨 말인지조차 몰라 공부에 흥미를 잃는 경우가 많다.

이런 아이들은 수학문제를 푸는 경우 문장제 문제가 나오면 잔뜩 긴장을 한다. 어떤 학생들은 문제가 무섭게 생겼다고까지 말한다.

그리고는 모른다고 별표를 해 놓고 문제를 읽으려 하지 않는다. 설혹 작심을 하고 문제를 읽는다 해도 뒷문장이 어떤 반전을 가져올 지는 생각지도 않은 채 눈에 들어오는 단어 몇 개의 조합으로 틀린 답을 생각하여 써 내곤 한다.

그래서 필자는 읽기능력이 필요한 아이들을 가르칠 때는 먼저 교 재를 열지 않는다. 읽기조차 무서워하는 아이들에게 부담감을 덜어 내기 위함이다.

먼저 가르치고 싶은 내용을 옛날이야기 하듯 이야기로 풀어내 주 고 책에 있는 내용을 의인화하여 짧게라도 역할극을 한다. 그런 뒤 교재를 펴 보라고 하면 내용을 금방 파악하며 문제도 쉽게 잘 풀어 낸다.

이와는 달리 상위권 학생들은 긴 문장에 대한 긴장도가 그리 크지 않다. 오히려 자세하게 읽어보고 문제에 대한 검증을 요구하는 경우 도 있다. 이미 읽기능력이 향상되어 있는 아이들은 긴 글에 대한 부 담감이 없을뿐더러 정확한 이해로 배울 내용을 빠르게 이해한다. 그 리고 글의 구조가 갖추고 있는 논리성까지 갖추게 된다. 그래서 같 은 시간을 공부하더라도 공부의 효율성이 극대화 되므로 우등생이 되는 것이다.

그래서 '읽기'는 단순히 글을 소리 내어 읽는다는 뜻이 아니고 문 장을 읽고 뜻을 이해하는 '독해(讀解)'를 포함한다.

독해능력을 위해 무엇을 갖추어야 할까?

앞서 이야기 한 것처럼 글을 읽고 이해하는 독해가 공부의 시작임을 잊지 말자. 그래서 독서량이 부족한 아이들은 물론이고 책을 많이 읽는 아이들이라 할지라도 정확한 독해 연습은 꼭 해 주어야 한다.

저학년 때부터 독해의 연습과정을 한 아이들과 그렇지 않은 아이들은 중고등학교 때 현저히 차이가 난다.

왜냐하면 정확한 독해는 지문 속에 사실 유무를 따져 물어보는 내용이 많기 때문에 객관적 읽기가 가능해지고 그렇게 훈련이 되면 문제 속에서 답을 금방 찾아내기 때문이다.

또한, 책 읽기를 싫어하는 아이들에게는 독해능력의 향상을 통해 책에 대한 흥미를 끌어낼 수가 있고, 이야기 책 위주의 편독을 하는 아이들에게는 장르별로 다양한 책을 읽힐 수 있는 기회가 된다.

요즘은 독해능력을 향상시킬 수 있는 책들이 많이 나와 있다. 그래서 이를 위해 독해훈련을 집중적으로 할 수 있는 책을 활용해도 좋고, 국어 교과서를 적극 활용하는 것도 좋은 방법이다. 다만 주 2회는 시간을 정해 놓고 꾸준히 할 것을 권장한다.

독해의 첫 걸음은 단어 익히기이다

독해를 처음 시작하는 아이들이라면 문장 전체를 다 공부 시키려 하지 말고 '화들짝 놀라다, 옹기종기 모여 있다.'처럼 동사나 의성어 의태어를 가지고 말놀이를 하며 문장이 가지고 있는 감정 표현을 익히면 무언가 글을 읽고 파악하며 공부한다는 느낌을 가지지 않고 재미있게 공부 할 수 있다.

그리고 말놀이 카드를 만들어 짧은 글짓기를 하면 조금 긴 글이라 할지라도 글에 대한 부담감이 줄어들고 글을 통해 나타내고 있는 정서와 인물의 심리를 파악하는데 큰 도움이 된다.

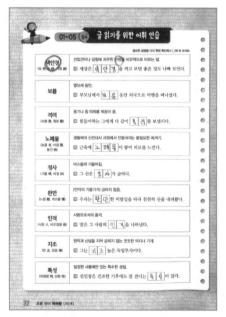

- 초등국어 독해왕 4단계 - 이룸이앤비

- 초등학교 4학년 엄지원 -

만약 아이들이 짧은 글짓기를 어려워한다면 위의 사례처럼 빈칸 채우기를 하며 짧은 글짓기 형식을 익혀 나가는 것을 추천한다.

빈칸 채우기 등의 글이 자유로워지면 혼자서 여러 가지 단문을 써 본다. 지원이처럼 단문쓰기가 잘 되는 아이들은 글의 앞 뒤 문맥도 잘 이해하게 된다.

독해의 두 번째 단계 중심내용 찾기

글을 읽고 중심내용을 파악할 줄 알면 전체 내용의 흐름을 전체적으로 잘 읽어 낼 수 있게 된다.

　중심내용 찾기를 연습시키기 가장 좋은 교재는 국어 자습서이다. 국어공부를 자녀들과 함께 하는 부모들의 고민은 국어는 수학처럼 정답이 정확하게 나와 있는 것이 아니므로 정답을 찾아내기가 쉽지 않다. 이럴 때는 자습서를 활용해보자. 처음에는 문단 별로 중심내용의 부분을 따라 쓰기를 하면서 중심내용을 어떻게 쓰는지 익힌다.

- 우공비 자습서 4-2 국어 -

　자습서를 통하여 간추리는 방법을 익힌 다음 해설 글씨와 같은 색깔의 셀로판지로 해설을 가린 다음 공책에 간추리기를 해 보고 자습서의 내용과 맞추어 본다. 이처럼 자습서에는 각 지문 별로 간추리기에 대한 방법이 자세하게 나와 있기 때문에 이것을 잘 활용하면 어렵지 않게 간추리기 연습을 할 수가 있다. 이 간추리기 능력은 스스로 학습을 하는데 반드시 필요한 능력이다. 사실 국어공부를 포함한 모든 공부의 과정이 간추리기이다.

간추린 내용을 기억하고 판단하고 또 생각을 이끌어내는 과정에서 학문이 발전해 나간다.

자습서를 활용한 간추리기 사례

제목: 중심 내용 간추리기.	날짜:	이름:

〈 많이 웃자 〉

「많이 웃자」를 읽고 글의 중심 생각을 파악하는 방법을 알아 봅시다.

(1) 글의 제목을 보고 알 수 있는 글쓴이 생각은 무엇인가요?
→ 삶이 아무리 힘들어도 긍정적인 마음으로 많이 웃어 보자.

(2) 글에서 중요한 내용을 처음 - 중간 - 끝으로 나누어 간단히 간추려 봅시다.

처음→ ① 삶의 뒷전으로 내몰았던 웃음을 되찾아야 한다.

가운데→ ② (첫째) 웃음은 우리를 건강하게 해 준다.

③ (둘째) 웃음은 아름다운 얼굴을 만든다.

④ (셋째) 웃음은 사람과 사람의 마음을 이어준다.

⑤ (네째) 웃음은 회사나 학교생활에도 긍정적인 역할을 한다.

끝→ ⑥ 삶이 아무리 힘들어도 대으롭고 긍정적인 마음으로 시원하게 웃어보자.

(3) 이번에는 접속어 (연결어미)를 넣어서 글의 내용을 간추려 봅시다.

→ 우리는 삶의 뒷전으로 내몰았던 웃음을 되찾아야한다. 이에 해당하는 까닭은 다음과 같다. 첫째, 웃음은 우리를 건강하게 해준다. 둘째, 웃음은 아름다운 얼굴을 만든다. 셋째, 웃음은 사람과 사람의 마음을 이어준다. 네째, 웃음은 회사나 학교 생활에도 긍정적인 역할을 한다. 이와 같이 웃음은 긍정적인 에너지를 불러 일으키므로 삶이 아무리 힘들어도 여유롭고 긍정적인 마음으로 시원하게 웃어보자.

- 초등학교 5학년 홍윤영 -

이처럼 자습서를 활용하여 간추리기를 잘하게 되면 교과서 이외의 다른 예문도 스스로 간추리기를 할 수 있게 된다.

'간추리기 능력' 이것이 스스로 공부를 위한 큰 힘이 되는 것을 잊지 말자.

다음의 내용은 5학년 학생이 강연 형식의 글을 읽고 문단을 나누고 간추리기를 한 사례이다.

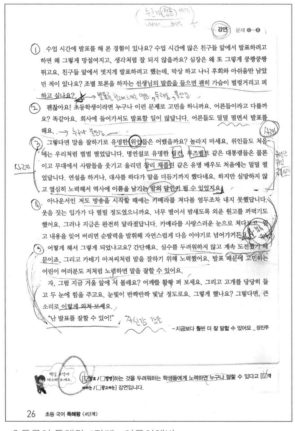

- 초등국어 독해왕 4단계 - 이룸이앤비

<강 연> 느끼는

① 발표를 할때 두려움과 불안감.

② 누구나 발표할때 불안감을 느낀다.

③ 유명한 위인들도 처음엔 벌벌 떨었지만 4줄에는
열심히 노력해서 이름을 남기는 위대한 위인이 될수있었다.
(말하기 꿀꺽 사례)

④ 자신의 예를 들어서 극복할수있었던 경험을 제시했다.

⑤ 자세하게 말하기 극복 방법을 알려주고 있다.

- 초등학교 5학년 홍윤영 -

저학년의 경우 동화책에 나오는 그림을 활용해서 간추리기를 해
도 좋은 결과를 얻어 낼 수가 있다. 장면을 그림으로 그리거나 그림
을 붙여 놓고 그림이 뜻하는 것이 무엇인지 번호 순서에 따라 내용
을 쓴다.

위의 그림에 대한 중심내용을 한 문장이나 두 문장으로 쓰게 하면 책의 줄거리를 요약(간추리기)하게 된다. 이처럼 문학작품을 읽고 사실적으로 요약하는 능력을 갖추면 다른 비문학 지문에 대한 독해 능력도 향상되게 된다.

글의 장르와 종류별로 정리해 놓고 익히기

초등학교에서 제일 많이 나오는 지문의 종류는 설명문, 논설문이며 그 밖에 자주 등장하는 종류가 시나 기행문, 동화 등이다. 만약 설명문에 관한 글을 배우고 있다면, 설명문의 정의, 설명문의 특징, 설명문의 구성, 설명의 방법 등을 조사하여 A4 용지에 정리하게 한 다음 파일에 끼워놓게 한다. 그리고 설명문 글을 배울 때마다 꺼내 보면 쉽게 지문이 이해되고 문제 또한 쉽게 풀게 될 것이다. 이런 식으로 글의 종류별로 파일을 따로 만들어놓고 활용하면 국어 점수는 크게 신경 쓰지 않아도 된다.

쓰기

앞에서 이야기한 독해의 두 번째 단계가 중심문장 찾기인데 이 과정에서 쓰기를 필요로 하기 때문에 사실상 읽기와 쓰기는 완전히 분리해서 생각할 수 없는 영역이다.

즉, 자신이 이해한 것을 말로 표현 하면서 그것을 다시 듣고 또 기억이 되는 것처럼 중심문장을 찾아 핵심을 써서 자기 것으로 만듦으로 독해가 완성이 된다.

자신이 설명하려고 하는 대상에 대해 글로써 예시도 들어 보고 묘사도 함으로써 다른 사람의 글도 더 잘 파악할 수 있게 된다.

> ### < 설명하는 글>
>
> 설명하는 글을 이해하고 잘 쓰기 위해서는 먼저 설명방법의 종류를 알아야
> 해요 오늘 설명방법의 종류인 비교와 대조에 대해서 알아봅시다. ☺
>
> ◆ 두 가지 이상의 대상에서 **공통점**을 설명 ☞ 비교
>
> ◆ 두 가지 이상의 대상에서 **차이점**을 설명 ☞ 대조

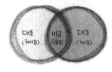

> "학교와 학원"
>
> 1. 학교와 학원의 공통점을 설명해 봅시다 (비교)
>   - 학교와 학원 둘 다 공부를 하는 곳 이다.
>   - 선생님이 계신다.
>   - 아이들이 공부를 하고 있다.
>   - 책으로 공부를 한다.
> 2. 학교와 학원의 차이점을 설명해 봅시다. (대조)
>   - 학교는 급식을 먹는데 학원은 급식을 먹지 않는다.
>   - 학교는 운동장, 강당, 보건실, 교무실등이 있는데 학원은 공부방이랑 상담실 밖에 없다.
>   - 학교는 아침에 등교하는데 학원은 학교를 마치고 간다.
>   - 학원은 여러 학교 학생들이 있지만 학교는 그 학교 학생들만 있다.

- 초등학교 4학년 엄지원 -

자녀가 설명문 쓰기가 어려워한다면 위의 사례에서처럼 두 대상의 차이점과 공통점을 비교와 대조의 방법으로 글을 써 보면 설명문 쓰기가 용이해진다.

자신의 의견이나 주장 또는 제안을 쓰고 그에 맞는 근거를 써 봄으로써 다른 사람이 쓴 논설문 독해도 더 잘 할 수 있다.

아래의 내용은 5학년 학생이 '초등학교 시험은 필수이다'는 제목

제목: 초등학교 시험은 필수이다.　날짜 5/9　이름 이승민

시험은 거의 모든 초등학생들이 싫어하는 공부중 하나다. 이런 시험 때문에 초등학생들의 학업스트레스가 심해지는 상황이다. 그래서 거의 모든 초등학생들은 시험이 없었으면 좋겠다고 말한다.

나는 초등학교에서 시험은 꼭 필요하다고 생각한다. 그렇게 주장하는 까닭은 다음과 같다.

첫째, 시험은 자신의 실력을 확인할 수 있는 기회이다.

시험을 봄으로서 틀린 문제나 개수를 통해 자신이 얼마나 공부를 잘 했는지 알 수 있다.

둘째, 시험을 보지 않으면 많은 아이들이 공부를 잘 안할 것이다.

많은 초등학생들은 공부를 싫어하므로 시험이 없다면 많은 초등학생들이 공부를 잘 안해 이 영향이 중등학교 학습력으로 이어질 수 있다. 또 시험을 봄으로서 자신감도 키울 수 있다.

그러므로 나는 "시험이 없었으면 좋겠다"는 말에 반대한다.

5/9 -이승민-

- 초등학교 5학년 이승민 -

으로 주장하는 글을 쓴 사례이다.

그리고 시를 통해 비유적 표현을 익히면 글쓰기를 할 때 실감나는 표현을 할 수가 있다.

아래의 시는 6학년 학생이 비유법 중 직유법을 배우고 나서 시를 통해 활용한 사례이다.

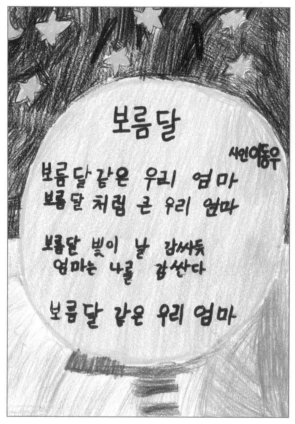

- 초등학교 6학년 이동우 -

파트너와 함께 하는 퀴즈식 국어 공부

다른 과목과 달리 국어만큼은 부모 또는 친구들과 함께 하는 협동학습을 권하고 싶다. 왜냐하면 국어 공부를 스스로 하는 데는 몇 가지 어려운 요소들이 있기 때문이다.

국어 문제를 잘 풀기 위해서는 지문을 잘 이해해야 한다. 그러기 위해서는 앞서 말한 바와 같이 글의 종류나 글쓴이의 의도 등을 잘 알아야 한다. 그러나 이런 정도로는 좋은 점수를 얻기 어렵다. 지문에 나와 있는 자세한 속뜻까지 알기 위해서는 혼자서 문단도 나누어봐야 하고 전체적인 글의 소재나 주제도 파악해야 하며, 주인공의 생각부터 지은이의 생각, 표현 기법은 무엇인지 등을 혼자 힘으로 알아내야 한다. 이런 훈련이 된 아이들은 교과서 밖에서 지문이 나와도 결코 두려워하지 않는다. 그런데 문제는 혼자서 이렇게 자세히 비교 분석하는 일이 매우 어렵다는 것이다. 그렇다고 자습서를 보고 혼자 공부하는 것은 오히려 해가 될 수 있다. 자습서에는 친절하게도 문단을 나누어놓고 주제나 소재, 시시콜콜한 내용 파악까지 해놓고 있어서 공부하는 학생들이 자습서에 의존하게 되면 생각하는 힘을 잃을 우려가 있기 때문이다.

그래서 국어 공부만큼은 파트너와 함께 하는 퀴즈식 방법을 권한다. 그 파트너가 부모라면 금상첨화이다.

다음은 6학년 1학기 교과서에 나오는 '서울의 궁궐' 중 일부이다. 부모는 자습서를 들고 있고 아이는 교과서를 읽는다. 먼저 글의 종류부터 파악하고 한 문단씩 끊어서 내용 파악을 시킨다.

3 **경복궁**

'큰 복을 누리며 번성하라'는 뜻을 지닌 경복궁은 조선 시대 최초의 궁궐이면서
경복궁의 뜻
여러 궁궐 가운데 가장 대표적인 것이다. 경복궁은 태조 이성계가 조선을 세운 뒤
경복궁의 특징 ①
에 한양, 즉 지금의 서울에 세운 조선의 법궁이다.
경복궁의 특징 ②   교과서 223쪽

경복궁의 건물은 7600여 칸으로 규모가 어마어마하다. 경복궁에서 가장 웅장
경복궁의 특징 ③ - 경복궁의 규모
한 건물은 '부지런히 나라를 다스리라'는 뜻을 지닌 근정전이다. 근정전은 왕의 즉
근정전의 뜻
위식, 왕실의 혼례식, 외국 사신과의 만남과 같은 나라의 중요한 행사를 치르던
근정전의 쓰임
곳이다.

경복궁에서 안쪽에 자리 잡은 교태전은 왕비가 생활하던 곳이다. 교태전은 중
교태전의 쓰임
앙에 대청마루를 두고 왼쪽과 오른쪽에 온돌방을 놓은 구조로 되어 있다. 교태
전 뒤쪽으로는 아미산이라는 작고 아름다운 후원이 있다.
교태전 뒤쪽에 있는 후원   대궐 안에 있는 동산.
'경사스러운 연회'라는 뜻의 경회루는 커다란 연못 중앙에 섬을 만들고 그 위에
경회루의 뜻
지은, 우리나라에서 가장 큰 누각이다. 이곳은 왕이 외국 사신을 접대하거나 신
경회루의 쓰임
하들에게 연회를 베풀던 장소이다.

❸ 경복궁은 조선 시대 최초의 궁궐이고, 태조가 지금의 서울에 세운 조선의 법궁으로 근정전, 교태전, 경
회루 등이 있습니다.

4 **창덕궁**

창덕궁은 경복궁 동쪽에 있다고 하여 창경궁과 함께 '동궐'로도 불렸다. 건물과
후원이 잘 어우러져 아름다우며 유네스코 세계 문화유산으로 기록되었다. 중요 ❶
산이 많은 우리나라답게 산자락에 자연스럽게 배치한 건물이 인상적이다. 넓은 후
교과서 224쪽
원의 정자와 연못들은 우리나라 전통 정원의 모습을 잘 보여 주고 있다.
→ 건물과 후원이 잘 어우러진 창덕궁의 특징

- 국어 6-1 동아전과 -

퀴즈 파트너식 국어 공부의 예

퀴즈 1 : 경복궁의 뜻은?

퀴즈 2 : 경복궁의 특징은?

퀴즈 3 : 근정전의 뜻은 무엇일까?

퀴즈 4 : 왕비가 생활하던 곳은 어디일까?

퀴즈 5 : 경회루의 뜻은?

퀴즈 6 : 경회루의 쓰임은?

퀴즈 7 : 3문단의 중심 내용은?

퀴즈 8 : 창덕궁의 특징은?

여기서 질문하는 파트너는 꼭 국어 지식이 풍부하지 않아도 된다. 퀴즈라야 고작 전과에 나오는 대로 작은 글씨를 퀴즈 형식으로 물어본 것에 불과하다. 이런 식으로 국어 퀴즈에 익숙해지면 글에 대한 분석 능력을 갖추게 되어 비단 국어뿐 아니라 다른 과목에서도 큰 효과를 보게 된다.

수학은
모든 공부의 기본

수학이 중요한 이유

수학에 대한 학부모들의 열의는 정말 대단하다. 수학 학습지를 시작으로 수학 전문 학원에다 수학 과외까지, 수학 한 과목에 상당한 투자를 하는 경우가 많다. 왜 그럴까? 부모들은 대개 초등 저학년까지는 그럭저럭 전과와 해답지를 살짝 봐가면서 수학을 가르쳐줄 수 있는데 고학년으로 올라가면 부모들도 공부한 지 꽤 오래되어 잘 모르겠다는 것이다.

이런 이유 말고도 수학 공부에 신경 써야 할 이유가 있다. 수학이야말로 모든 공부의 기본이 되기 때문이다. 공부하는 학생들이나 거액을 투자하는 엄마들은 당장 눈에 보이는 수학 점수가 중요하겠지만, 진짜 중요한 것은 수학 문제를 하나씩 해결해 가면서 키워가는 논리적 사고력이다.

도형을 배우면서 공간 지각 능력이 생기고, 도형의 넓이나 부피를 구하면서 사물을 측정할 수 있는 능력을 갖게 된다. 그리고 방정식을 풀려고 끙끙대는 동안 어떤 현상을 수식화하여 풀 수 있는 능력이 생긴다. 아직껏 '수학만 잘하는 아이'를 보지 못했다. 수학을 잘하는 아이들은 다른 공부도 잘할 수 있는 기본 능력을 갖추게 되기 때문에 수학 점수는 다른 과목에도 큰 영향을 끼친다.

수학은 고리 학습

"선생님! 이렇게 어렵고 복잡한 수학을 왜 배워요?" 가끔 학생들에게 이런 질문을 받는다. "슈퍼에서 물건값 계산할 정도만 배워도 되는 거 아니에요? 수학 만든 사람은 정말 미워요." 이런 질문을 하는 학생들은 어릴 때부터 생활 속에서 묻어 나오는 수학을 모르고 기초가 없는 상태에서 지식으로서만 수학 공부를 한 아이들이다.

수학은 가장 빠른 시간 내에 성적을 올릴 수 있는 과목이기도 하지만, 아무리 열심히 해도 올라가야 할 장벽이 높은 과목이기도 하다. 수(數)의 개념이 정립된 상태라면 빠른 시간 안에 목표에 도달할 수도 있다. 반면 수 개념의 정립에는 이해나 암기보다는 연습을 통한 체득 과정이 필요한 것이어서 시간이 걸리기 때문에 단시간 내에 성적을 올리기 어렵기도 하다.

"천 리 길도 한 걸음부터"는 모든 과목에 해당되는 말이지만 수학의 경우에 특히 강조하고 싶다. 저학년 때 수학의 기초를 다질 기회를 놓친 아이들이 고학년이 되면 부모들은 급한 마음에 학원이다 과외다 해서 아이의 수학 성적을 올려보려고 하지만 마음처럼 쉽게 되지는 않는다. 수학은 고리 학습의 구조를 가지고 있어서 앞 과정에 대한 이해 없이는 도저히 다음 과정으로 넘어갈 수 없기 때문이다. 분수, 소수, 최소공배수, 최대공약수 등에 대한 개념이 전혀 없는 아이에게 분수와 소수의 덧셈, 뺄셈, 곱셈, 나눗셈을 시킨다고 가정해 보자. 아무리 많은 문제를 풀어 봐도 좋은 결과를 기대하기 어렵다. 문장으로 된 응용문제가 나오면 아예 포기하게 된다. 이런 아이는 수학에 흥미를 잃는 것에서 나아가 다른 공부에도 자신감이 없어진다. 그렇기 때문에 수학은 벽돌을 한 장 한 장 쌓아 올리듯이 어릴 때부터 기초를 튼튼히 하여 차근차근 해 나가야 한다.

그러면 수학의 기초, 곧 맨 밑에 깔아야 할 벽돌은 무엇일까? 대답이 그리 간단하지는 않다. 수학을 잘하려면 문제가 어떤 답을 요구하는지 집중력을 갖고 봐야 하고, 계산도 신속 정확해야하기 때문이다.

끊어진 고리는 빨리 이어주자

수학은 일반적으로 수와 연산, 도형, 측정, 확률과 통계, 문자와 식,

규칙성과 함수 등 6개 영역으로 나뉘어져 있다. 이 가운데 수와 연산이 가장 기초가 되므로, 저학년 자녀의 부모들은 계산의 기초를 다져주는 데 가장 많은 신경을 써야 한다. 기초적인 계산이 뒷받침되지 않는 아이들은 고학년 올라가서도 계산에 얽매여 시간을 다 보내기 때문이다. 적어도 초등학교 4학년까지는 기본 사칙연산 실력이 다져져야 한다.

그러나 계산력을 다져준다고 종이 위에서 숫자로만 계산을 익힐 경우, 자칫 수학에 대한 흥미를 잃을 수 있으므로 조심해야 한다. 4학년이 되었는데도 연산 능력이 떨어진다면 사칙연산 중 어느 부분에서 막히는지 정확히 알아내어 부족한 부분만 채워 가면 금방 좋아질 수 있다. 아이들은 계산 능력이 서툰 듯 보여도 처음부터 끝까지 전부 못하는 것은 아니다. 사칙연산 중 특히 자신 없는 부분이 있고, 한 가지 셈법에서도 특별히 안 되는 부분이 있다. 아이의 가장 취약한 부분을 찾아내는 것이 부모의 할 일이라 할 수 있다.

진선이가 5학년 1학기 때의 일이다. 진선이는 다른 과목은 모두 95점 이상인데 수학만 60점을 받았다. 이유를 물어보니 시간이 모자라 아는 것도 '찍었다'는 것이다. 시험지를 자세히 살펴본 부모는 진선이의 계산 능력에 문제가 있음을 알게 되었다. 진선이는 직육면체와 정육면체의 성질, 평면도형의 넓이와 둘레, 문자와 식, 규칙성과 함수에 대한 문제는 모두 맞았지만 약분과 통분, 분모가 다른 분수의 계산은 모두 틀렸다. 약수와 배수를 비롯한 최대공약수와 최소공

배수의 개념을 이해하고 있지 못한데다가 사칙연산 실력이 부족한 것이 원인이었다.

그래서 진선이 부모는 수학 진도를 잠시 멈추고 약수와 배수, 분수의 혼합 계산에 대한 문제를 집중적으로 풀게 했다. 물론 개념부터 응용까지 모두 포함했다. 이런 방식을 통해 수의 개념이 확실하게 정립된 진선이는 2학기부터는 분수와 자연수, 소수의 곱셈과 나눗셈에 대한 문제도 막히지 않고 술술 풀게 되었다.

이와는 반대로 사칙연산과 분수의 계산은 막힘이 없지만, 쉽고 엉뚱한 곳에서 틀리는 경우도 있다. 가끔 빠른 계산을 연습하게 한다고 초 단위로 시간을 재서 평가하는 경우가 있는데, 이렇게 속도에만 신경을 쓰다보면 연산의 정확도가 떨어지는 경우가 발생한다. 따라서 시간을 재는 것보다 문제를 많이 푸는 연습을 해서 능숙하게 익히도록 하는 것이 더 중요하다.

문제 풀이 이전에 개념과 원리를 이해한다

수학에서 개념과 원리의 이해는 대단히 중요하다. 그러므로 교과서에 나오는 탐구 활동이나 참고서의 개념, 원리 설명은 눈으로만 익히지 말고 풀이 과정을 반드시 노트에 정리해 가면서 이해해야 한다. 예를 들어 개념 설명이 다음과 같이 나와 있다.

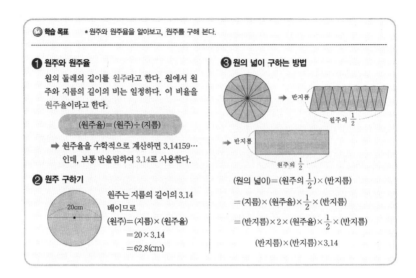

여기서는 원의 넓이를 구하는 방법을 원리와 함께 설명해 놓았는데, 원리는 이해하지 않고 무조건 공식만 외우려 든다면 나중에 서술형 문제에서 막혀버린다.

앞의 그림을 보고 실제 집에서 쓰는 주전자 뚜껑을 엎어놓고 동그라미를 그리게 한다. 그리고 그 주전자 뚜껑의 둘레를 실을 잘라 재보고 동그라미의 지름도 재어보면, 원의 둘레가 지름의 세 배가 조금 넘는 것을 알 수 있다. 그러면 왜 '원주=지름×원주율(3.14)'이라는 공식이 성립되는지 굳이 외우지 않아도 머릿속에 확실히 남는다. 원의 넓이를 구할 때에도 양면 색종이를 잘라 위 ③번 그림과 같이 실제로 해보면 공식이 저절로 외워지는 것은 물론 한 번에 개념과 원리를 터득할 수 있다.

4년마다 전세계적으로 초·중 학생들의 수학·과학에 대한 학력평가를 하는 시험(TIMSS)이 있다. 2015년도에는 47개국의 초등학생 약 31만 명, 39개국의 중학생 약 27만 명이 참가하였으며, 우리나라도 299개 학교에서 약 1만 여명의 학생이 참가하였다.

국제교육성취평가협회(IEA)의 발표에 따르면 우리나라 초등학교 4학년 학생들의 수학 성취도는 3위, 중학교 2학년 학생들의 성취도는 2위를 나타내었다.

또 수학·과학·읽기에 대한 국제학업성취도평가(PISA)에서도 한국 학생들은 항상 5위권 안에 드는 높은 성적을 기록해오고 있다.

그런데 우리나라 초등학교 4학년 학생들의 수학에 대한 자신감과 흥미도는 13~14위로 나타났고, 중학교 2학년 학생들의 경우에는 12~13위에 그쳤다.

주요 평가대상국에서 가장 낮은 수준인데 수학과 연관이 깊은 과학과목도 성취도는 높게 나왔지만 자신감과 흥미도는 매우 낮았다.

다양한 문제 풀이로 실력 다지기

수학은 사고력을 이용해 종합적인 문제 해결 능력을 키우기 위한 과목이다. 그래서 수학을 잘할 수 있게 하려면 아이들이 생각을 많이 하도록 해주어야 한다. 이를 위해서는 여러 형태의 문제를 많이 풀어보는 것이 대단히 중요하다. 아이들이 다양한 경험을 쌓아야 새로운 유형의 문제가 나왔을 때 스스로 생각해서 문제를 해결할 수 있다. 따라서 기초가 형성되어 있지 않은 아이들은 수학 교과서와 수학 익힘책을 이용해 기초를 닦아야 하고, 기초가 어느 정도 형성된 아이들은 여러 종류의 문제집을 통해 다양한 문제 풀이 경험을 쌓아야 한다. 그런데 문제 풀이에는 몇 가지 주의해야 할 사항이 있다.

자기 수준에 맞는 문제집을 선택한다

이제 막 개념을 이해한 아이에게 심화 학습 수준의 문제집을 골라주며 풀게 하면, 몇 문제 풀기도 전에 지쳐버린다. 교과서 탐구 활동을 통하여 기본 원리를 깨달았다면, 개념을 잘 알고 있는지 확인하는 수준의 유형으로 문제를 골라 풀어야 수학에 재미를 느낀다. 즉 '답을 맞추느냐 못 맞추느냐'보다 '수학적 원리를 이해하느냐 못 하느냐'를 파악하는 데 더 큰 비중을 두어야 한다.

다음으로는 많은 문제를 통하여 응용 연습을 해봐야 한다. 시중에 나와 있는 문제집을 선택하되 처음부터 난이도가 높은 것을 선택하여 풀기보다는 기본 과정에 해당하는 문제집부터 출발하여 심화 단계에 해당하는 문제집까지 순서대로 풀어가면 혼자 공부하는 데 별 어려움이 없다.

이렇게 차근차근 단계를 거쳤다면 기본 과정부터 심화 단계까지 한 권에 고루 나와 있는 문제집을 풀어 정리하고, 마지막으로 시간적 여유가 있으면 경시 문제에 도전해 본다. 이때 틀린 문제는 해답에 나와 있는 해설을 참고하여 오답 노트에 깔끔하게 정리해 놓고 왜 틀렸는지도 적어놓아 나중에 어느 부분에 실수가 많은지도 확인하는 과정이 꼭 필요하다.

서술형 문제는 끊어서 읽고, 내용을 정확히 이해하도록 한다
서술형 문제를 어려워하는 것은 문제를 제대로 이해하지 못하기 때문이다. 그래서 아이에게 먼저 문제 해석 능력을 키워주어야 한다. 한 문장씩 끊어 읽으면서 문제가 원하는 답이 무엇인지 꿰뚫어보도록 해야 한다. 그리고 문제의 핵심에 밑줄을 긋고, 문장을 나누는 연습도 반드시 필요하다.

민수는 계산 문제는 곧잘 푸는데 서술형 문제만 나오면 무조건 모른다고 ☆표를 해놓았다. 문제가 두 줄 이상만 넘어가면 아예 읽을 생각도 안 했다. 그래서 다음과 같이 끊어 읽기를 시켰다.

문제) 석준이의 한 달 용돈은 12,000원이다. 그 중에서 1/6은 저금하고, 남은 금액의 3/5은 학용품을 사는 데 썼다. 학용품을 사는 데 쓴 돈은 얼마인가?

> **민수 :** 엄마, 이 문제 모르겠어요.
> **엄마 :** 어디를 모르겠니?
> **민수 :** 다 모르겠어요.
> **엄마 :** 그래? 그럼 석준이의 한 달 용돈이 1만 2,000원이란 것도
> 　　　　모르겠니?

민수 : 아니요, 그건 알겠어요.

엄마 : 그것 봐. 그러니까 문장을 끊어서 읽고 어디까지는 알고 어디부터 모르겠는지 그걸 찾아야 문제를 풀 수 있는 거란다.

민수 : 아, 이제 보니 두 낱말이 이해가 안 가요. 위의 밑줄을 그은 '그 중에서'와 '남은 금액'이요.

엄마 : 그럼, '그 중에서'란 무엇을 말할까?

민수 : 혹시 민수 용돈, 그러니까 '12,000원 중에서'를 말하는 거 아니에요?

엄마 : 맞았어. 그럼 '남은 금액'이란 말의 뜻도 알겠니?

민수 : 네, 이제 저 혼자 해볼게요.

문제를 정확히 이해했으면 처음부터 수식으로 풀기보다는 그림을 그려가면서 수식을 연상하도록 하면, 문제를 전체적으로 볼 수 있는 힘이 생기고 실수를 줄일 수 있다. 문제 해석 능력을 키우기 위해 꼭 서술형 문제가 아니더라도 수식을 우리말로 정확하게 표현하는 연습을 평소에도 자주 해야 한다. 처음부터 공식을 줄줄 외우도록 하는 것이 아니라, 공식이 가지고 있는 의미를 자세히 풀어서 우리말로 표현하게 하는 것이다. 이런 훈련이 되어 있어야 글로 되어 있는 것을 수식화하는 능력이 생긴다. 그러면 자연히 문장으로 되어 있는 문제가 원하는 답이 무엇인지, 어떤 수식을 필요로 하는지 금방 알게 된다.

여러 문제집을 묶어서 나만의 문제집을 만든다.

자주 실수를 반복하는 아이는 여러 문제집 중에서 취약한 단원만을 잘라 묶어서 자기에게 꼭 맞는 맞춤형 문제집을 만들어 풀어보는 것이 좋다. 평소에 수학 공부를 하면서 자주 틀리거나 어려운 단원을 따로 잘라서 묶어두었다가 시험 기간 중에 집중적으로 다시 풀어보면 효과적이다.

선행 학습, 어떻게 할 것인가?

아이들을 가르치다 보면 유난히 수학을 좋아하는 아이들이 있다. 이런 아이들은 계산 능력이 탄탄하여 암산으로 답을 구한다. 그런데 재미있는 사실은 수학을 좋아하는 아이들이 계산 자체는 별로 좋아하지 않는다는 점이다. 수학이 좋아서 늘 하다 보니까 계산이 빠르게 되는 것뿐이다. 이런 아이들은 깊은 생각 없이 바로 답이 나오는 문제에 흥미를 갖지 않는다. 한 문제를 갖고 적어도 10분 이상 끙끙거리거나 몇 시간씩 심지어 하루 종일 생각하는 문제에 더 도전하고 싶어하고 그것을 다 푼 다음에는 굉장한 희열을 느낀다.

이런 아이들은 심화된 사고력 문제집이나 시중에 나와 있는 이야기식 수학책으로 좀더 깊은 사고를 할 수 있게 도와주어야 한다. 이 아이들에게는 선행 학습이 의미가 있다. 강한 지적 욕구를 느끼는 아이들에게는 그러한 욕구를 충족시키면서 새로운 의욕을 불러일으키는 것이 좋기 때문이다. 하지만 이 경우에도 반드시 자기 주도적으로 공부할 수 있도록 해야지, 억지로 시켜서는 안 된다. 아이가 4학년인데 5학년 수학을 공부하는 경우라면 처음에 개념 설명을 읽고 용어 정리를 비롯하여 내용 이해를 스스로 하게끔 해야 한다. 수학은 고리 학습이므로 모르는 내용이 나올 때에는 바로 전 과정을 책에서 찾아보면 다음 내용을 알 수 있다. 내용 이해를 위해서는 원리를 자세하게 해설해 놓은 참고서를 활용하면 된다. 그리고 문제를 풀고 스스로 채점하고, 틀린 경우에는 해답지를 보면서 확인한다. 이 정도의 이해력과 끈기가 있어야 선행 학습의 의미가 있는 것이다.

천재적인 음악가들을 보면 물론 노력도 많이 했지만 타고난 음악적 재능을 어릴 때부터 잘 계발해 왔음을 알 수 있다. 모차르트를 키워낸 아버지의 주도면밀한 교육은 잘 알려져 있는 사실이다. 하지만 아무리 훌륭한 선생님이라도 재능까지 키워줄 수는 없다. 선생님들은 장래의 천재 음악가들이 자신의 천부적인 재능을 발휘할 수 있도록 이론과 기술을 가르치고 동기 부여를 할 뿐이다. 만약 음악적인 재능이 없는데 부모의 욕심으로 밤낮없이 연습을 시킨다고 생각해 보자. 결과는 뻔한 일 아닌가. 누구나 음악의 신동이 아닌 것처럼 누구나 수학의 신동일 수는 없다. 아이들은 저마다 다른 재능을 갖고 태어나기 때문이다. 따라서 부모들이 수학에 재능 있는 아주 소수의 아이들을 보고 불안한 마음에 자신의 자녀에게도 무작정 선행 학습을 강요한다면 그 아이들은 실패한 음악가와 같은 길을 걷게 될 것이다.

수학의 기초가 없는 고학년이라면

고학년인데 기초가 너무 없는 경우에는 앞의 선행 학습과는 전혀 다른 문제가 발생한다. 이런 경우에는 우선 개념과 원리를 확실하게 이해하도록 하면서 계산력을 키워주어야 하는데, 아이가 기초를 다지는 동안 학교 진도에는 계속 뒤처질 수밖에 없는 것이 문제가 된다. 또 자신이 거꾸로 되돌아간 만큼 다른 친구들은 저만치 앞서가고 있다는 사실을 아이는 매우 힘들어 한다.

진석이는 막내로 태어나 부모님과 누나들의 귀여움만 받고 자라느라 공부는 그다지 신경 쓰지 않고 지냈다. 그러다 보니 4학년이 되도록 곱셈, 나눗셈에 서툰 것은 물론, 구구단마저 제대로 외우지 못하는 '상당히 심각한' 상황에 놓여 있었다. 그래서 진석이와 오랜 시간 대화를 나누면서 동기 유발이 될 만한 이야기도 많이 해주고, 결국은 진석이에게 "열심히 하겠다"는 다짐도 받아냈다. 이후 진석이는 그동안 부족했던 것을 채우느라 하루에 두 시간씩 수학 공부에 매달렸다.

계산력의 기초를 닦아주는 단계

우선 계산력이 부족한 부분은 수학 학습지로 보충해 나갔다. 무조건 순서대로 하지 않고 진석이가 부족한 부분만 선택해서 집중적으로 연습하는 방식을 취했기 때문에 빠른 시간 안에 기초를 다질 수 있었다.

4학년의 진도를 쫓아가기 위해서는 기본 과정에 해당하는 문제집부터 출발하여 심화 단계에 해당하는 문제집까지 순서대로 풀게 했다. 그리고 마지막 확인 단계에서는 기본부터 심화까지 난이도가 고르게 분포되어 있는 문제집을 풀게 했는데, 모르는 문제가 나와도 풀이를 도와주지 않는 것은 물론 힌트도 주지 않았다. 다만 앞에서 풀었던 수준별 문제집을 다시 찾아보게 하면서 스스로 문제를 해결해 나가도록 했다. 오답 확인과 오답 노트 정리는 기본이었다.

서술형 문제를 해결하는 단계

6개월이 지나자 진석이의 수학 실력은 눈에 띄게 좋아졌다. 계산이 신속 정확해졌고, 교과서 익힘 문제는 어려움 없이 풀었다. 하지만 서술형 문제를 만나면 여전히 어려워하고 쉽게 풀지 못했다. 수학과 관련해서 진석이의 마지막 문제는 독해 능력 부족이었다. 많은 아이들이 서술형 문제를 잘 풀지 못하는 것처럼, 진석이 역시 예외가 아니어서 똑같은 문제를 글로 풀어놓으면 어휘력과 이해력 부족으로 문제가 원하는 것이 무엇인지 알지 못했다. 이런 문제를 극복하기 위하여 수학에 관련된 책을 일주일에 한 권씩 읽히고 용어 정리를 시켰다.

5학년이 되어서는, 처음 개념을 배울 때 설명해 주고 같이 문제를 풀어보던 방식에서 탈피하여 문장으로 된 문제가 나오면 우선 개념 해설 부분을 많이 읽히고 그것을 다시 설명하도록 시켰다. 그리고 진석이가 설명한 부분을 공책에 정리하게 하였다. 이런 식으로 1년을 보내고 나니 이제 웬만한 문제는 거뜬히 해결하게 되었다.

6학년이 된 진석이는 스스로 공부하는 습관을 몸에 익혔을 뿐만 아니라 자신감도 갖게 되었고 친구들이 모르는 것을 가르쳐줄 정도가 되었다.

수학을 잘 하기 위해서 꼭 비싼 과외비를 지불하지 않아도 된다. 부모의 관심과 정성만 있다면 시중에 나와 있는 문제집 몇 권으로도 충분히 수학을 잘하는 아이가 될 수 있다.

배낭 메고 하는
사회 공부

사회는 나선형 학습

수학이 학습 중간 과정을 빼놓고 심화 학습을 할 수 없는 고리식 학습이라면 사회는 '나'부터 시작하여 전세계까지 인식의 범위를 넓혀가는 나선형 학습이다. 그렇기 때문에 수학은 반드시 기초부터 쌓아 올려야 하지만 사회는 어느 단원에서 시작해도 웬만큼은 무리 없이 공부할 수 있는 과목이다.

다음 그림이 말해 주듯 수학은 덧셈, 뺄셈의 개념이 없이는 곱셈, 나눗셈을 이해할 수 없고 곱셈, 나눗셈을 모르고는 배수와 약수를 알 수 없다. 그래서 수학은 고리 하나가 빠지면 더 이상 학습의 진전을 기대하기 어렵지만 사회 과목은 중간에 빠진 부분이 있더라도 다음 과정을 배우는 데 크게 무리가 없다. 어디에서 시작을 해도 앞뒤

가 쉽게 연결될 수 있다.

수학 공부와 사회 공부의 차이

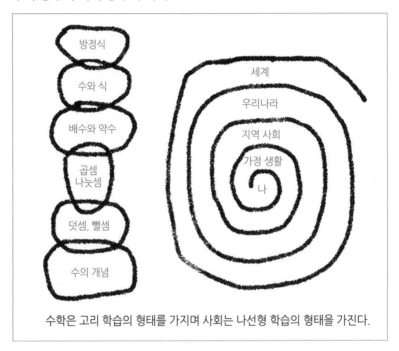

방정식
수와 식
배수와 약수
곱셈 나눗셈
덧셈, 뺄셈
수의 개념

세계
우리나라
지역 사회
가정 생활
나

수학은 고리 학습의 형태를 가지며 사회는 나선형 학습의 형태을 가진다.

사회 점수는 왜 잘 안 나올까?

사회 공부가 골치 아프기 시작하는 때는 4학년에서 축척 읽기와 등고선이 출현하면서부터이다. 사회 과목을 잘하려면 여러 가지 형태의 지도와 연표, 도표 읽기 등을 잘해야 하는데 해석 능력이 없는 아이들은 일단 도표나 지도 읽기에 거부 반응을 보인다. 그리고 교과서를 보면 그림만 몇 개 나와 있고 순전히 조사하는 내용뿐이다. 수많은 지명과 각 지방별로 나오는 특산품의 종류, 문화재의 특징, 민주정치와 법에 관한 생소한 용어들을 배울 때쯤이면 아이들은 벌써 힘들어 하기 시작한다.

이런 속사정을 모르는 부모들은 다른 과목은 성적이 좋은데 노력을 안 해서 사회 점수만 안 나온다고, 사회는 외우기만 하면 되는데 왜 하지 않느냐고 핀잔을 준다. 외우면 된다? 물론 틀린 말은 아니다. 우리나라 자연 환경의 특징, 옛 조상들의 의식주, 물건의 소비지와 생산지, 여러 도시의 인구 분포 등 사회에 나오는 수많은 내용을 다 외운다면 적어도 사회가 전체 평균 점수를 깎아 먹는 일은 없을 것이다. 그러나 그 광범위한 내용을 다 외울 수도 없을 뿐더러 설령 외웠다고 하더라도 시간이 지나면 기억이 희미해질 수밖에 없다. 기억력이 특별히 좋아서 다 기억하고 있더라도 이렇게 암기를 통해 익힌 아이들은 기억만 할 뿐 결코 사회 공부를 좋아하지 않는다.

직접 체험하는 사회 공부

"백문이 불여일견(百聞不如一見)"이라는 말이 있듯이 사회 공부 역시 교과서 내용만 100번을 외우는 것보다 한 번 보는 학습이 가장 확실한 지름길이다. 사회는 생각해서 되는 공부가 아니다. 수학은 개념과 원리를 배우고 생각을 많이 해서 논리적으로 유추해 가면 심화 문제까지도 풀 수 있지만 사회는 책상 앞에 앉아 오래 생각한다고 알게 되는 공부가 아니다. 우리나라 지형에 대하여 알고 싶다면 산간 지방, 평야 지역, 섬 지방을 두루 다녀봐야 한다. 산간 지방에 가본 아이는 그 지방의 지형적 특성을 아는 것은 물론이고 임산물에는 어떤 것들이 있는지도 알게 된다. 지하자원은 어느 지방에서 많이 나오는지, 산을 깎아 만든 계단식 논은 어떤 모습인지 직접 가서 보고 느끼면서 알게 되는 것과 교과서나 자습서를 외워서 아는 것은 차이가 매우 크다.

성민이는 더운 여름날 책상 앞에 앉아 강과 평야에 대한 공부를 하고 있었다. 지난번 기말고사에서 기대 이하의 사회 점수를 받아서 이번 방학 때 만회하려고 땀을 흘리고 있는 것이다.

엄마 : 아까 배운 우리나라 4대 강 외워봐.

성민 : 한강, 금강, 낙동강, 영산강.

엄마 : 그럼 각각의 평야들을 외워봐.

성민 : 한강은 김포평야, 낙동강은 김해평야, 영산강은, 영산강은⋯⋯.

엄마 : 이거 세 번째 외우는 건데 모르겠어?

성민 : 아휴, 몰라요. 엄마! 아까는 국립공원 다 외웠죠, 그 다음엔 섬 지방 특산물에 대해서 외웠잖아요. 이제 그만 외울래요. 머리가 터질 것 같아요.

엄마 : 네가 이러니까 사회 점수가 안 나오는 거야. 성민아, 그러지 말고 한 번만 더 외워보자.

성민 : 싫어요. 이제 다시는 엄마랑 공부 안 할래요.

엄마 : 이래서는 정말 안 되겠다. 성민아, 내일 당장 떠나자!

성민 : 어디로요?

엄마 : 어디긴 어디야. 네가 못 외운 영산강으로 가는 거지.

성민이 엄마는 성민이의 사회 점수가 안 나와 야단을 치기는 했지만 막상 아이와 사회 공부를 함께 해보니 외울 게 한두 가지가 아니라는 것을 알게 되었다. 그런데 한번 가보면 쉽게 사회 공부를 할 수 있을 것 같다는 생각이 들어 큰아이 성민이, 둘째 성준이와 함께 무작정 영산강으로 배낭여행을 떠났다.

1박 2일의 일정으로 일단 목포에 도착하긴 했는데 막상 어디에서 무엇을 보아야 할지 막막했다. 궁리 끝에 성민이 엄마는 시청의 문화관광과를 떠올렸다. 예상이 적중하여 성민이네 가족은 시청 직원이 가르쳐준 대로 영산강 하구둑과 바다의 경계선을 구경하고, 강 옆에 있는 넓은 평야도 볼 수 있었다. 덤으로 영산강과 관련된 많은 자료도 얻을 수 있었다.

다음날은 영산강 중류에 가보았는데 책에서 본 대로 하류보다는 강의 폭이 많이 좁아져 있는 것을 확인한 아이들이 신기해했다. 그리고 그 지역에서 오래 사신 할아버지에게 강에 얽힌 여러 전설도 들을 수 있었다. 아이들과 피곤도 잊은 채 나주평야를 둘러보고 나주시청에 가서 영산강 중류에 관한 책자도 받았다.

1박 2일의 짧은 여정이라 성민이가 얻은 소득은 생각만큼 아주 많지는 않았지만 그날 이후 성민이는 사회 과목을 좋아하게 되었다. 소극적이어서 발표도 잘 못하던 아이가 여행 때 찍은 사진까지 보여 주며 설명하는 적극적인 아이로 변모했다. 이후에 성민이네 가족은 방학이면 다음 학기 사회 교과서에 나오는 곳을 선정하여 테마 학습 여행을 떠났다. 산간 지방과 평야 지대는 물론이고 섬 지방까지 우리나라 지형의 특징을 대표할 만한 곳은 다 가보고 체험했더니 1학년인 성민이 동생 성준이는 지리학자로 꿈을 바꿀 정도로 흥미를 갖게 되었다. 더불어 아이들이 공부하기 싫어할 때마다 "너희들 그러면 다음에는 여행 안 간다"며 공부를 촉진시키는 촉매제가 되기도 했다.

테마 학습 여행은 이렇게

얼마 전 테마 학습 여행에 관심 있는 학부모와 이야기를 나눈 적이 있었는데 아이를 데리고 여행을 많이 했는데도 사회 과목을 잘하지 못한다는 것이었다. 여행을 가면 주로 무엇을 하느냐고 질문했더니, 주로 어른은 어른들끼리 여가를 즐기고 아이들은 자유롭게 놀다가 온다는 것이었다. 물론 이렇게 여행을 다녀오면 시야가 넓어지고 여러 경험을 하는 등 좋은 점은 많지만 사회 공부에 직접적인 영향을 주지는 못한다.

테마 학습 여행을 떠나기 전에 사전 지식과 준비는 필수적이다. 예를 들어 우리나라의 강과 평야 지대에 대해 알아보고 싶다면 강은 어디서부터 시작되는지, 강 상류에 막아놓은 댐과 수력 발전은 어떤 관계가 있는지, 강 중류쯤 가면 해상 교통으로 강이 어떻게 이용되는지, 강 하류 끝에 바다와 만나는 지점은 어떻게 되는지 등을 사전에 공부하고 떠나야 한다. 방학을 이용한다면 다음 학기 교과서에 나오는 곳을 선정하여 그곳과 관련 있는 단원을 주제로 예습 개념의 테마 학습 여행을 하면 효과 만점이다. 갔다 와서는 자료를 수집하여 스크랩을 하고 기행문을 써두는 것이 매우 좋다.

다음 자료는 영산강 탐사 후 4학년 성민이가 쓴 기행문과 1학년 성준이의 그림 일기이다.

영산강을 다녀와서.

○○초등학교 6학년 1반

　2학기 사회책을 보니 강물이 나왔다 그래서 엄마는 가봐야 안다고 영산강,낙동강을 방학 중 온천 가 본다고 하셨다 그런데 정말로 가게 되었다 라지만 아빠는 바빠서서 못가시게 되었고 결국에는 엄마와 동생, 내가 가게 되었는데, 1박2일로 가는 거라 좀 무섭기도 하고 했지만 한편으로는 그래도 즐거운 여행이 될 것 같았다 긴~ 기차 여행 끝에 목포시, 목포역에 도착하였다 가자마자 점심을 먹고 목포에 있는 유달산에 가보았다 가니 초무굴 동상이 있었고 그 옆에는 노적봉이 있었는데, 그저 쉬는 사람들 있었다 다음코스는 조각공원에 갔다 조각공원은 멋있는 작품을 모아논 곳 인데,

(2)

별외별 조각이 다 있었다 조각을 보다가 엄마가 목포에 대한 자료를 얻어야 한다고 물어물어 시청까지 갔다 또 다도 좀 시키고 자료를 얻었다 시청에서는 무척 친절했다 버스를 타고 영산강 근처에서 내렸다 그런데 영산강 하구둑 까지 거리는 멀고 아무 교통의 없으니 지나가는 차를 세워 그 차를 타고 영산강 하구둑까지 갔다.가서 수문이 있었는데 엄~청 컸다 수문이 열려 진것을 보고 싶었는데 닫쳐져 있었다 큰~ 다리에서 봤는데 이 다리는 바다와 강을 막는 경계선 정도 됐다 그런데 바다와 강이 구분이 안됄 정도로 컸다 저건더 닿이 흐려 숙소로 찾으려하는데 마땅한곳이 없어 나중에 가서 잠을 못잤다 ㅋㅋㅋ 쿨쿨 드르렁 드르르 각자 1박2일의 짧은 여행이였기에 서둘러야 했다 버스를 타고 나주에서 영산강 흐름인 영산포로 이동 했다 흐름포를 보니 물살이

(3)

하류보다 더 빨라 졌다 강 폭도 하류 보다 많이 좁아 졌다 옛날에는 목포에서 영산포로 오는 뱃길이 있었다고 한다 또 몇년전 까지만 해도 배가 많이 오면 홍수가 나고 물이 넘쳐 다친 사람들이 많았는데 송류에 댐을 건설해서 피해를 줄일수 있다고 한다. 이런 이야기를 듣고 광주로 이동하여 시청을 들렀다 더 광주를 둘러 보고 싶었지만 송류를 답사 해야 했기 때문에 자료만 얻고 목적지로 향했다. 송정에 들어서자 '흥겨움의 고향, 송정' 이렇게 표지판이 여기저기에 붙어있어서 놀라웠다 동생과 함께싸우며 짜증을 내며 험튼 송정댐에 올라 갔다. 그래도 생각보다는 별볼것이 없었지만 송류에 온것 만으로도 만족했다 수문이 열려 있었으면 좋았을 텐데……. 임무를 완수하고 기차역에 오니 시간이 남았

(4)

다 그래서 할일이 없어 떠돌다가 장성 군청을 발견했다 그래서 "옳다구나!" 하고 또 자료를 구하러 들어 갔다 거기서 엄마가 계신 직원 아저씨께 영산강 답사를 하러 왔다니까 여기 송류 부터는 그게 영산강 이기는 하지만 산 골짜기에서 내려 온 하천 이기 때문에 각각 이름이 다 있다고 한다 기차를 쑥~ 타고 내려 오면서 이번 여행을 하길 잘 했다고 생각 했다.

| 7 월 24 일 | 요일 (날씨 맑음) | 제목 : 어지러운 목포 |

엄	마	와		형	하	고		어	제		목
포	에		갔	다		왜	냐	하	면		영
산	강	을		연	구		하	기		위	해
서		갔	다		전	라	남	도	는		날
달	하	여	서		유	달	산	에		올	라
가		보	니		너	무		어	지	러	웠
다		많	은		사	람	들	에	게		영
산	강	이		어	디	인	지		물	어	봤
더	니		진	절	하	지		대	답	해	주었다.

성민이 가족처럼 테마 학습 여행을 통한 학습과 책을 통한 학습을 병행하기를 적극 권한다. 이런 방법으로 공부하면 재미도 있지만 평생 잊지 못할 가족의 추억으로 남는 것도 큰 보람이 될 것이다. 아이가 중학교에 진학하고 나면 같이 다니고 싶어도 시간이 부족하기 마련이고, 아이도 엄마와 함께 가기보다는 친구들과 어울리는 것을 더 좋아하기 때문에 설사 시간이 있어도 가기 어렵다. 초등학교 시절이 테마 학습 여행의 최적기인 것이다.

초등학교 때는 풍부한 현장 학습 경험과 함께 관련 자료를 많이 읽어서 교양을 풍부하게 쌓아야 한다. 고학년 때 사회 점수를 잘 받지 못하는 아이들의 어려움은 어디서부터 어떻게 손대야 할지 모른다는 것이다. 그만큼 사회 공부의 범위는 넓기 때문에 관련 교재로 평소에 미리 배경 지식을 쌓아놓지 않으면 어렵다.

사회 공부 이렇게 하면 쉽고 재미있다

테마 학습 여행을 통해 풍부한 현장 학습 경험을 갖춘 아이라면 교과서 공부는 그다지 어렵지 않다. 단계별로 나누어서 살펴보자.

1. 테마 학습 여행 및 관련 부교재 읽기

2. 교과서 따라 잡기

모든 학습 자료의 주인공은 교과서이다. 교과서를 중심으로 부교재도 읽어보고 테마 학습 여행도 가야 학습에 도움이 된다. 견학이나 현장 학습을 해보면 교과서에는 아주 핵심적인 것만 나와 있다는 것을 알게 된다. 그래서 사회 공부를 잘하려면 교과서를 많이 읽고 잘 이해해야 한다.

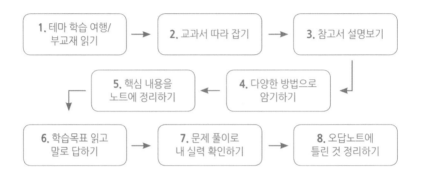

모르는 용어는 용어 노트를 따로 만들거나, 교과서에 형광색 펜으로 표시해 두고 포스트잇이나 작은 종이에 설명을 써서 테이프로 붙여 두는 것이 좋다. 이렇게 하면 교과서를 보면서 필요할 때 언제든지 확인할 수 있다. 이때 사전에 나온 대로 쓰는 것보다는 자기가 이해한 내용을 써놓아야 기억에 오래 남는다.

3. 참고서 설명 보기

참고서는 선생님의 역할을 한다. 참고서에는 교과서를 이해하기 위한 보충 설명이나 자료들이 많이 있어서 마치 선생님이 설명해 주는 것처럼 활용할 수 있다. 참고서를 고를 때는 재미있는 상식이나 설명이 풍부한 것, 자료가 될 만한 그림이나 현장 사진 등이 많이 나와 있는 것으로 선택하는 것이 좋다.

4. 다양한 방법으로 암기하기

아이들이 사회를 싫어하는 이유 중 하나가 시시콜콜한 것까지 암기를 해야 하기 때문이다. 그런데 재미있는 방법으로 외우면 아이들이 사회 공부만 하자고 졸라댈지도 모른다. 암기 방법은 내용에 따라 방법도 달라지는데, 아이들은 '노래로 익히기'를 가장 좋아한다.

노래로 외우기

특산품 외우기 – 「눈은 어디 있나 여기」 노래에 맞추어

한지는 어디 있나 괴산

모시는 어디 있나 한산

죽세공품 어디 있나 담양

차는 어디 있을까 보성

지도 읽기 – 「개똥벌레」에 맞추어

아무리 우겨봐도 북쪽이 위래

방위 표시 없을 땐 위가 북쪽이래

가지 마라 좁아지면 가파르니까

나를 위해 한 번만 지도를 읽어줘

들은 초록색 강과 바다 파란색

색깔은 진할수록 높은 산꼭대기
깊은 바다라네

우리나라 문화재 외우기 – 「종소리」에 맞추어

종소리가 은은하게 들려온다 에밀레종 우리나라 최대의 종
신라시대 문화재를 외워보자 첨성대 석빙고 에밀레종
고려시대 문화재를 외워보자 금속활자 팔–만 대–장경
조선시대 문화재를 외워보자 자격루 신기전 앙부일구
우리의 문화재 소중해요

한지 만드는 과정 – 「들장미」 노래에 맞추어

웬 아이가 보았네 한지 만드는 과정
닥나무 껍질 벗겨서 잿물에다 삶고
물에 여러 번 헹구어 닥풀 넣고 종이 떠
판에 붙여 말리자

퀴즈 풀면서 암기하기

퀴즈를 내어 답 맞추기를 하면서 외울 때에는 또래 아이들 4~5
명이 있으면 더 좋다. 4~5명이 범위를 좁게 잡아 1인당 10문제씩
내면 앞 사람이 냈던 문제를 또 내게 되어 반복 학습의 효과로 저절
로 외우게 된다. 이때 틀린 사람이 벌칙을 받게 하면 아이들이 재미
있게 외울 수 있다.

물론 벌칙의 내용도 공부에 도움이 되는 것으로 정한다. 예를 들어 신라의 문화재를 개그맨 버전으로 읽기, 할머니 목소리로 읽기 등을 하면 웃음바다가 되면서 그 내용을 오래 기억한다.

지도에서 지명 찾으며 암기하기

또래들끼리 지도를 펴놓고 찾기 놀이를 하며 외우는 것도 아이들이 재미있어 한다. 술래가 특산물을 대면 나머지 아이들은 특산물에 맞는 지명을 찾는다. 제일 못 맞춘 사람이 벌칙으로 특산물 노래를 부르면 재미있게 외울 수 있다. 이렇게 방법을 달리하면 사회 암기가 즐거워진다.

5. 핵심 내용을 노트에 정리하기

'제2부 6 노트 정리는 보물 쌓기' 편을 참고하기 바란다.

6. 학습목표 읽고 말로 답하기

공부를 시작할 때 학습목표부터 알고 시작해야 하지만 대부분의 아이들은 내용 파악부터 시작한다. 그래서 아이에게 학습목표를 읽게 한 다음 공부한 내용을 말하게 함으로써 학습목표에 맞게 공부를 했는지, 부족한 부분이 무엇인지 알게 한다. 이렇게 학습목표를 다시 한 번 점검하게 되면 공부해야 할 부분을 정확히 알 수 있다.

학습목표 읽고 말로 답하기의 예

학습목표 : 박물관의 종류와 하는 일을 조사하여 설명할 수 있다.

아이의 설명 : 먼저 박물관의 뜻은 조상들이 남긴 여러 가지 유물을 한 곳에 모아 보관하고 전시하는 곳입니다. 박물관을 통하여 조상들의 생활 모습과 문화를 알 수 있습니다. 박물관의 종류로는 종합 박물관과 전문 박물관이 있습니다. 종합 박물관은 여러 가지 분야의 자료를 전시하는 곳이며, 다양한 전시물을 볼 수 있습니다. 국립 중앙 박물관, 국립 민속 박물관 등이 여기에 해당합니다. 그리고 전문 박물관은 특별한 분야의 전시물만을 모아 전시하는 곳입니다. 알아보고 싶은 주제에 관하여 깊이 있게 조사할 수 있으며, 농업 박물관, 김치 박물관, 철도 박물관 등이 전문 박물관입니다.

7. 문제 풀이로 내 실력 확인하기

8. 오답노트에 틀린 것 정리하기

위의 과정을 다 거친 다음에 문제를 풀면 문제가 술술 풀린다. 마지막으로 틀린 문제는 반드시 오답 노트를 작성하여 정리해야 한다. 사회 공부를 이렇게 하면 너무 쉬울 뿐만 아니라 재미있기까지 하다.

생각에 날개를
달아주는 과학

과학은 분야별 심화 학습

수학이 고리 학습, 사회가 나선형 학습이라면 과학은 분야별 심화 학습이다. 과학은 초등학교 3학년부터 고등학교 1학년까지 상호 연관되도록 교과 과정이 짜여 있기 때문에 학년이 올라가면서 분야별로 심화 학습을 하게 된다. 따라서 어떤 단원을 지금 심도 있게 배워 둔다면 다시 그 분야를 배우게 될 때 더욱 쉬워진다.

생명이라는 분야를 배우기 위해서 초등학교 3학년에서는 곤충의 한살이, 알을 낳는 동물의 한살이, 새끼를 낳는 동물의 한살이를 배우고, 4학년에서는 씨가 싹 트는 과정, 식물이 자라는데 필요한 조건, 꽃과 열매, 식물의 한살이 등을 배운다.

이러한 과정에 쉽게 접근하기 위해 1, 2학년 때는 봄·여름·가을·겨울이라는 교과를 통하여 꽃과 새싹의 모습, 나뭇잎의 특징, 올챙이와 개구리, 과일과 채소의 생김새와 특징 등을 배우는 것이다.

초등학교 1, 2학년의 과학 관련 교과 내용은 쉽고 재미있게 구성되어 있고 주변에서 흔히 볼 수 있는 동식물의 사진이 많이 실려 있기 때문에 따로 시간을 내어 공부하지 않아도 될 것처럼 보인다. 교과서에서 나오는 질문들도 주로 '꽃밭에 가면 무엇을 볼 수 있나요?', '풀밭이나 땅에는 어떤 것이 살고 있나요?', '하늘을 날아다니는 것에는 어떤 것들이 있나요?' 등 쉽게 답을 할 수 있는 것들이기 때문이다.

그래서 학부모들은 과학 공부는 고학년 때 본격적으로 하면 된다고 생각하기 쉽다. 하지만 한번 짚어보자. 왜 우리가 문 밖에만 나가면 볼 수 있는 것들을 교과서에 실어놓았을까? 그것은 우선 흔히 볼 수 있는 동물과 식물을 보여줌으로써 향후 생명이라는 커다란 분야를 공부할 때 더욱 쉽게 접근하기 위해서이다. 그러므로 시간적으로 여유 있는 초등학교 1, 2학년 때가 과학 공부를 하기에는 최고의 시기라고 할 수 있다.

많이 보고 느끼는 것이 과학 공부의 지름길

과학은 우리 생활과 가장 밀접한 관계가 있는 과목이다. 과학은 "왜?"라는 의문을 갖는 데서 출발한다. '왜 하늘은 푸른색일까? 나뭇잎은 왜 초록색을 띨까? 눈은 왜 내릴까?' 등의 의문이 꼬리에 꼬리를 물고 이어지면서 자연의 이치를 터득하게 되는 학문이 과학인 것이다. 그런데 "왜?"라는 의문은 저절로 생기는 것이 아니라 많은 것을 보고 느꼈을 때만 가질 수 있다. 닭이 알을 품고 있는 모습을 보고 하루 종일 계란을 품고 앉아 있던 소년 에디슨처럼 무언가를 봄으로써 아이들의 호기심이 발동한다. 그래서 과학 공부를 잘하려면 많이 보고 많이 느껴야 한다.

또한 풍부한 독서를 통해서 과학 교양을 많이 쌓아야 한다. 지구의 중력 때문에 사과가 떨어지고, 지구가 공전하기 때문에 계절이 생긴다는 등 에너지, 물질, 생명, 천체 등 과학의 여러 분야에 대한 책을 많이 읽어 교양을 갖추는 것이 과학 공부를 하는 데 필수적이다.

같은 초등학교에 다녔던 민성이와 지현이라는 아이가 있다. 둘은 물론 비슷한 과정으로 공부를 했고 학습에 대한 열의도 비슷하다. 그런데 중학생이 된 후 과학 점수에서 큰 차이를 보였다. 민성이는 초등학교 1학년 때부터 교과서 내용을 그때그때 착실히 공부해 왔는데도 왠일인지 지현이의 과학 실력을 좀처럼 따라잡을 수 없다.

민성이와 지현이의 초등학교 1, 2학년 시절로 되돌아 가보자. 민성이와 지현이의 출발선은 같았다. 특별히 과학에 대하여 따로 공부한 적도 없으며 그렇다고 부모님이 과학에 조예가 깊은 것도 아니었다. 우선 민성이는 예습과 복습을 성실하게 하는 편이었다. 다른 과목과 마찬가지로 과학도 엄마와 함께 '슬기로운 생활'에서 나오는 내용 그대로 외우는 식으로 공부했다.

엄마 : 물속에는 어떤 것들이 살고 있니?
민성 : 올챙이, 미꾸라지, 개구리밥, 붕어, 다슬기……
엄마 : 물에 사는 식물은 어떤 것들이 있을까?
민성 : 갯버들, 개구리밥, 부들……
엄마 : 우리 민성이 오늘도 공부 잘했네. 그럼 이렇게 다 알았으니 문제도 한번 풀어보자.
민성 : 엄마, 공부하니까 문제가 너무 쉬워요. 100점 맞았어요.

이에 비해 지현이 부모는 '슬기로운 생활' 교과서를 자세히 보면서 그림은 쉽게 나왔지만 공부할 분량이 많음을 느꼈다. 그래서 지현이와 함께 생물에 관한 책을 차례로 읽어 나가며 아래와 같이 동식물의 특징을 간단히 정리해 놓았다. 지현이는 아직 1학년이라 쓰는 것이 서툴러 책을 읽고 특징이라고 생각하는 부분을 한 줄씩만 쓰게 했다. 그리고 연못에 나가 책에서 본 식물과 곤충들을 직접 찾아보거나 주말에 함께 동물원에 가서 동물 사진을 찍은 후 스크랩해 놓게 했다.

식물의 씨앗에 대해서 배울 때는 직접 해바라기, 코스모스, 분꽃 등의 씨를 받아 말린 후 테이프로 붙여 정리해 놓기도 했다. 키우기 쉬

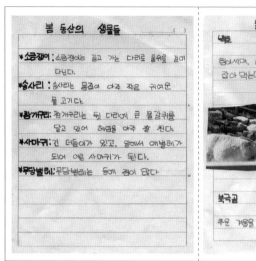
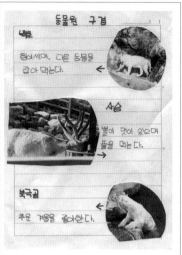

운 방울토마토를 작은 화분에 키우며 열매가 맺는 과정을 직접 보게 하거나 동물의 겨울잠에 관련된 책을 읽으며 학교 수업 내용을 보충했다.

어느 날 지현이는 책에서 개구리가 겨울잠을 자러 들어갈 때 빙글빙글 돌면서 흙으로 몸을 덮는 걸 보고 신기해했다. 며칠 후, 우연히 야외에서 개구리가 책에 나온 대로 겨울잠 자러 들어가는 모습을 볼 수 있었고 지현이는 펄쩍펄쩍 뛰며 흥분을 감추지 못했다.

이렇게 지현이 부모는 과학이 분야별 심화 학습이라는 것을 알고 1학년부터 6학년까지의 과학 교과서를 구해놓은 후 다음 학년에 배울 것을 미리 책으로 읽으면서 직접 경험을 쌓게 하였다. 에너지, 물질, 지구 등 초등학교에서 배우는 주요 분야도 같은 방식으로 공부하게 했다.

이러니 지현이가 교과서와 문제집으로만 공부한 민성이와 현격한 차이를 보이는 것은 당연할 수밖에 없다. 저학년 때까지는 민성이와 지현이는 학교 시험에서 똑같이 100점을 맞는다. 하지만 고학년이나 중학생이 되면 같은 수준의 100점이 아니라는 것을 알게 된다. 지현이처럼 공부한 아이들은 공부 그 자체를 즐기기 때문이다. 민성이처럼 성실하게 공부하는 아이들도 나름대로 열심히 공부했기에 좋은 성적을 받지만 내용이 점점 심화되면 공부를 버거워한다.

어쩌면 지현이 엄마가 특별한 '극성 엄마'라서, 또는 과학 지식이 다른 엄마들보다 풍부해서 가능했던 것이라고 생각할지도 모르겠다. 하지만 그렇지 않다. 누구든지 지현이 엄마처럼 할 수 있다. 아이에 대한 관심과 사랑만 있으면 어떤 부모도 충분히 할 수 있다. 평생 그렇게 하라는 것도 아니고 단지 초등학교 시절만이다. 그래도 자신 없어 하는 부모들을 위해 간단한 지도 방법을 소개한다.

초등학교 1, 2학년 때는 지현이처럼 자연에 관한 책을 많이 읽히고 한 줄씩 정리하게 하고 볼 수 있는 것이라면 개미알 하나도 놓치지 말고 보여주자. 그리고 1학년부터 6학년까지 과학 교과서에 나오는 그림을 자주 보여주자. 6년 과정을 전부 자세히 알아둘 필요는 없지만 적어도 무엇이 나오는지는 알아두고 교과서에 관련된 그림이나 사진이 신문, 잡지에 나오면 관련된 자료를 수집해 놓자. 그리고 수집한 것을 각 교과 단원 사이에 끼워놓자. 이런 것도 부모가 다 하려고 하지 말고 아이가 자료를 하나씩 찾을 때마다 스티커로 상을 준다면 효과가 있다.

주말을 이용하여 교과서에 나오는 곳을 선정하여 가까운 연못이나 들로 산으로 나가는 것도 아이들이 부담을 느끼지 않고 흥미롭게 과학을 공부할 기회가 되어 좋다. 반드시 부모가 과학 상식이 풍부해야 자녀를 공부시킬 수 있는 것이 아니다. 약간의 귀찮음, 몰려오는 피로만 잠깐 뒤로하여 조금씩 정성을 기울이면 될 뿐이다. 사회 과목을 위한 테마 학습 여행처럼 미리 사전 지식을 갖추고 준비를 하는 것이 무작정 나가는 것보다 얻는 것이 훨씬 많음은 물론이다.

과학 준비물 이야기

초등학교 과학 시간에는 탐구 활동을 많이 한다. 이럴 때 꼭 필요한 것이 학습 준비물인데, 이것을 제대로 챙기지 못하면 아이는 그 시간에 꿔다놓은 보릿자루처럼 수업에 제대로 참가할 수 없게 된다.

기성이네는 아침부터 전쟁이 났다. 오늘따라 늦잠을 잔 것이다.

기성 : 엄마! 큰일 났어요. 벌써 8시에요.

엄마 : 그래? 어쩌나, 우유에 시리얼 말아 먹고 얼른 학교 가거라.

기성 : 먹는 게 중요한 게 아니구요, 오늘 과학 시간에 준비물 가져가야 돼요. 안 가져가면 화장실 청소에다 엄청나게 혼나요.

엄마 : 준비물이 뭔데?

기성 : 긴 막대기요.

엄마 : 긴 막대기? 그건 왜?

기성 : 몰라요. 아무튼 긴 막대기 가져 오랬어요.

엄마 : 알았어. 준비물은 엄마가 챙길 테니 너는 어서 조금이라도 먹어.

기성 : 아, 참! 엄마, 그림물감하고 도화지, 팔레트도 챙겨야 돼요.(이때부터 엄마는 짜증이 나기 시작한다. 준비물은 미리미리 챙기라고 그렇게 이야기했건만 도대체 왜 매일 저렇게 허둥대는지……)

엄마 : 내가 어제 준비물 없냐고 물었을 때는 없다더니 왜 아침에서야 얘기하는 거야!

기성 : 엄마, 지금 그런 거 따질 때가 아니에요. 늦었으니까 갔다 와서 혼날게요.

엄마는 잔뜩 화가 났지만 애써 참으며 준비물을 챙겨주었다. 긴 막대기는 마땅한 게 없어서 여름에 썼던 매미채에서 망을 떼어내 만들어주었다.

그러나 긴 막대기는 과학 시간에 수평잡기에 쓰기 위한 것이었는데 매미채 막대기는 너무 길뿐 아니라 납작하지도 않아 전혀 쓸모가 없었다. 결국 기성이는 그날 과학 시간 내내 톱으로 막대기를 자르며 납작하게 만드느라 수평잡기를 배우기는커녕 과학 시간을 망치고 말았다.

　다음 시간에 배울 내용을 대강이라도 예습하고 준비한다면 엉뚱한 준비물을 가져가거나 제대로 챙기지 못하는 일은 없을 것이다. 엄마도 학습 준비물 챙기는 데 신경을 써주어야 하지만 무엇보다 아이가 스스로 준비하는 습관을 갖도록 해야 한다.

과학 공부 단계별로 정복하기

다양한 부교재와 현장 체험으로 많이 보고 많이 느낀 아이라면 교과서 정복은 어렵지 않다. 단계별로 정복하는 방법을 살펴본다.

1. 부교재 읽기와 자료 스크랩

많은 아이들이 교과서에 나오는 내용을 처음부터 암기하려고만 한다. 하지만 과학은 생각하는 것을 요구한다. 과학 공부는 '왜?'라는 의문을 갖고 진리를 발견해 가는 것인데, 처음부터 외우려고 덤벼들기 때문에 과학이 어렵고 따분하게 느껴지는 것이다. 과학책에는 다이어그램, 그림, 차트, 그래프 등도 많이 나오는데 충분한 내용 이해 없이 보면 이런 것들이 과학을 더 재미 없게 만든다.

과학 공부를 잘하기 위해서는 교과서만 가지고는 부족하다. 부교재를 많이 읽어서 충분한 배경 지식을 갖추어야 한다. 학기를 시작하기 전에 전체 내용을 교과서 만화로 가볍게 읽은 후 교과 내용과 관련된 책을 학교 진도에 맞추어 읽도록 해주자. 예를 들어 3학년 1학기에 자석에 대해 배우는데 자석에 관한 책을 미리 읽어두면 큰 도움이 된다.

다음으로는 자료 스크랩이다. 평소에 신문이나 과학 잡지 등에서 과학과 관련된 것을 찾아서 스크랩해 두면 나중에 관련 단원을 공부할 때 많은 도움이 된다.

2. 교과서 따라 잡기

부교재를 통해 어느 정도 배경 지식이 있는 상태에서 교과서를 보면 그다지 어렵지 않다. 이때도 내용을 무조건 암기하지 말고 '왜 이런 현상이 일어났을까?' 생각하며 교과서를 읽는다. 이때 한 문장 한 문장 넘어갈 때마다 충분히 내용을 파악하고 소화하도록 하며, 특히 그림과 그래프를 눈여겨본다. 그래프를 보면서 숫자가 의미하는 것,

전체적인 추이 등을 이해하고 설명할 수 있을 정도로 자세히 보아야 한다. 여기에 시험 문제가 숨어 있으니까.

3. 참고서 집중 탐구

참고서에는 교과서 내용에 대한 자세한 해설과 배경 지식들이 함께 들어 있는데, 여러 번 정독해서 내용을 완전히 이해하도록 한다. 교과서만 볼 때는 이해가 안 가던 부분도 예제를 풀면서 원리를 이해하게 되는 경우가 많기 때문에 참고서에 나오는 예제는 반드시 풀어보도록 한다.

　과학 참고서를 고를 때도 사회 참고서와 마찬가지로 설명이 풍부한 것, 자료가 될 만한 그림이나 자료 사진 등이 많이 나와 있는 것으로 선택하면 된다.

4. 과학 용어 정리

아이들이 과학 공부에서 지치는 결정적인 이유는 개념과 용어에서 막히기 때문이다. 초등학교 5학년 과학에서만도 온도(溫度), 열(熱), 용해(溶解), 용액(溶液), 산(酸)과 염기(鹽基), 속력(速力) 등의 용어가 나온다. 학년이 올라갈수록 용매(溶媒), 용질(溶質), 용융(熔融), 연소(燃燒), 소화(消化) 등 더 어려운 용어들이 쏟아져 나온다. 비슷한 것 같지만 용어에 따라 개념이 달라져서 정확한 이해를 어렵게 한다. 이를테면 무게와 질량, 속력과 속도, 분자와 원자, 용해와 융해 같은 것들인데 분명한 용어 정리가 안 된 상태에서는 정확한 개념을 이해할 수가 없다.

이런 용어들은 사전적 의미만 정확히 알아도 기본 개념을 파악하는 데 큰 도움이 된다. 용해(溶解)와 융해(融解)는 둘 다 '녹는다'는 뜻이지만, 깊이 들어가면 용해는 섞여서 녹는 것이고, 융해는 열에 의해서 상태가 바뀌어 녹는다는 뜻으로 완전히 다르다.

용어집을 만들고, 용어가 나오면 국어사전을 찾아서 그 뜻을 쓴다. 반드시 한자를 같이 쓰고, 모르는 한자라면 한자사전을 찾아서 그 뜻까지도 함께 써놓는다. 영문 용어일 경우에는 당연히 영어로도 쓴다. 그리고 참고서를 찾아서 과학적으로 사용되는 용어의 뜻을 적어놓는다. 이렇게 정리해 놓고 자주 보면서 용어와 친숙해져야 과학이 쉬워진다. 과학은 용어와의 싸움이며 용어를 정복한 사람이 과학을 정복한다.

5. 핵심을 노트에 정리하기

과학은 용어도 어려운데다 사회처럼 외울 것이 많다. 그런데 과학에서의 암기는 지명이나 특산품처럼 그냥 외워서는 큰 낭패를 보게 된다. 예를 들어 사회에서 대나무 제품이 많이 생산되는 곳을 외울 때 오래 생각해 봐야 답이 나오지 않는다. 그냥 담양에서 많이 생산된다는 것을 알고 받아들이면 된다. 더 알고 싶다면 인터넷으로 자료를 찾거나 담양에 직접 가보면 된다.

하지만 과학은 원리를 모른 채 무조건 결과를 외운다고 답이 나오지 않는다. 원리를 알고 이해해야 제대로 암기가 가능하다.

과학 시간에 바다와 육지에서의 바람의 방향에 대해서 배우고 아래와 같이 노트 정리를 했다.

노트 정리의 예

구분	낮	밤
표면 온도	육지 〉바다	육지 〈 바다
바람의 방향	육지 ← 바다 해풍	육지 → 바다 육풍

낮에는 육지가 바다보다 빨리 데워진다. 그래서 데워진 육지의 공기는 위로 올라가게 되어 위쪽은 고기압, 아래쪽은 저기압이 형성된다. 육지의 위쪽에 형성된 고기압 때문에 육지보다 기압이 낮은 바다 쪽으로 공기가 이동하게 된다. 바다의 위쪽으로 이동한 공기는 다시 차가워져서 바다의 아래쪽으로 내려온다. 바다의 아래쪽으로 공기가 많이 몰리기 때문에 바다는 고기압이 되고, 차가운 바다의 공기가 저기압인 육지

쪽으로 이동하면서 차가운 바다 바람이 불게 되는데 이것을 해풍이라고 한다.

위의 원리를 이해하고 외우더라도 시간이 지나면 낮에 부는 바람이 해풍이었나 육풍이었나 헷갈릴 수 있다. 그래서 오랫동안 기억하기 쉽게 다음과 같은 이야기를 만들어본다.

옛날에 살기 좋은 공기 마을이 있었어. 한쪽에는 아이들이 뛰어 놀기 좋은 넓은 들판이 있었고, 다른 한쪽은 시원한 바다였어. 햇볕이 내리쬐는 어느 날 아이들이 땅에서 축구 시합을 하고 있는데 한 아이가 땀을 뻘뻘 흘리며 덥다고 말했어. 그러니까 다른 아이들도 덥다며 시원한 바다에서 수영을 하자는 거야. 그래서 공기 마을 아이들은 멋진 기구를 타고 아주 높이 올라간 다음, 바다를 향해 콧노래를 부르며 비행을 했지. 기구 밑으로 시원한 바다가 보이자, 아이들이 하나둘씩 뛰어내리기 시작했어. 바다에 첨벙첨벙 뛰어드니 얼마나 시원한지 더위가 싹 가셨어. 그런데 그렇게 기구를 타고 내려오는 애들이 너무 많아서 더 이상 수영을 하기 어려워져서 이번에는 지나가는 모터보트를 얻어 타고 육지 쪽으로 달렸어. 그때가 오후 2시쯤이었는데, 바다에서 육지 쪽으로 보트를 타고 가는 아이들의 얼굴은 해바라기처럼 환했지. 낮에는 공기가 바다에서 육지 쪽으로 이동하는데 이 바람을 해풍이라고 한대. 낮에 바다에서 육지 쪽으로 부는 바람을 바다 해(海)를 써서 해풍이라고 했으니까 그 반대인 밤에 부는 바람은 뭐라고 부를까? 당연히 육지에서 바다쪽으로 부니까 육풍이지.

위와 같은 이야기를 노트에 일일이 적을 필요는 없다. 다만 위에 정리한 것처럼 노트에 적어놓고 이 이야기를 기억해 내어 외운다면 원리를 쉽게 떠올릴 수 있고 암기도 쉽게 된다. 이야기를 꾸밀 때에도 부모가 해주기보다는 아이들에게 직접 꾸며보라고 하자. 아이들은 이야기를 꾸미는 과정에서 암기할 내용을 다 외우게 된다.

6. 학습목표 읽고 말로 답하기

공부는 들을 때보다 말할 때 더 잘된다. 말을 하려면 먼저 생각이 정리되어 있어야 하고, 정리한 생각을 순서에 맞게 끄집어내야 한다. 학습목표를 읽게 한 다음 지금까지 공부한 내용을 말로 표현하게 하는데, 먼저 용어의 뜻을 설명하고 과정을 논리적으로 말하도록 한다. 앞에서 공부한 배경 지식을 갖고 과학적인 근거를 대면서 말할 수 있다면 과학도 무척 재미있는 과목이 될 수 있다.

학습목표 : 기압에 따른 공기의 움직임을 알 수 있다.
아이의 설명 : 기압은 공기의 무게 때문에 생기는 공기의 압력입니다. 주위보다 높은 기압을 고기압이라 하고, 주위보다 낮은 기압을 저기압이라고 합니다. 공기는 고기압에서 저기압으로 이동하는데 이것을 바람이라고 합니다. 고도가 높아질수록 공기의 양이 줄어들어 기압도 낮아집니다. 그리고 갑자기 높은 곳으로 올라가면 귀가 멍해지는 현상은 기압의 변화 때문에 생기는 것입니다.

7. 문제 풀이로 내 실력 확인하기

8. 오답노트에 틀린 것 정리하기

위의 과정을 다 거친 다음에 문제를 풀면 술술 풀린다. 마지막으로 틀린 문제는 반드시 오답 노트를 작성하여 정리해야 한다. 정리하는 방법은 '6 노트 정리는 보물 쌓기' 편을 참고하기 바란다.

영어는
공부가 아니라 연습이다

영어 만능 사회

우리 사회는 영어 교육 때문에 몸살을 앓고 있다. 하루에도 수십 가지 영어 교재와 방법론이 쏟아져 나온다. 그런데 홍수가 나면 오히려 마실 물이 없듯이, 이런 상황에서도 여전히 영어 교육에 목말라하고 있는 것이 현실이다. 왜 영어를 공부해야 하는지, 어디까지 공부해야 하는지 그리고 어떻게 공부해야 하는지 분명하지 않다. 너도 나도 안 하면 안 될 것 같은 막연한 사회적 분위기가 일단 영어의 바다에 준비도 없이 뛰어들게 한다. 수영도 할 줄 모르고 준비 운동도 안 한 어린아이들도 무작정 말이다.

첫째, 영어에 흥미를 가지며, 의사소통을 할 수 있는 기본 능력을 기른다.

둘째, 일상생활과 일반적인 화제에 관해서 자연스럽게 의사소통을 할 수 있어야 한다.

셋째, 외국의 다양한 정보를 이해하고, 이를 활용할 수 있는 능력을 기른다.

넷째, 외국의 문화를 이해함으로써 우리 문화를 새롭게 인식하고, 올바른 가치관을 기른다.

이것은 초등학교부터 고등학교까지, 교육 과정에 포함되어 있는 영어 교육의 목표이다. 하지만 실상은 어떠한가? 중고생이 아니라 대학생이 되더라도 이런 목표 달성은 꿈같은 이야기일 뿐이다. 왜 그럴까? 수십 년 동안 풀지 못하고 있는 교육 과정과 입시 제도와의 모순 때문이다. 이 목표를 달성하자면 다양한 교육 방법이 제시되고 적절한 평가를 통해서 학생들의 실력을 향상시켜야 하는데, 실력 향상보다는 평가에 더 큰 비중을 두고 있다는 것에 우리나라 영어 교육의 문제가 있다. 이런 교육 환경 때문에 아이들에게 실질적인 영어 사용 능력을 길러주는 것은 고스란히 학부모의 몫으로 남는다.

영어가 정식 교과목이 아니고, 평가를 하지 않는 초등학교에서는 실용 회화에 관심을 갖던 학부모들이 아이가 6학년만 되면 문법이나 독해를 가르치는 학원을 찾아 방황하게 된다. 영어 실력보다 영어 성적을 올리는 것이 더 절실한 문제가 되어버리는 것이다. 따라서 아이가 중학교에 들어갈 시점이면 영어 공부 방법과 내용이 확

바뀌어버린다. 교육 과정에서 추구하는 '의사소통과 문화 교류 능력'은 저만치 사라지고, 영어를 처음 배울 때 느꼈던 흥미는 온 데 간 데 없어지며 수학 공식보다 훨씬 더 많은 단어와 숙어, 과학의 법칙보다 더 많은 문장의 규칙 등을 외우느라 아이들은 쉴 틈이 없다.

이렇듯 영어 교육은 비단 학부모들만의 문제가 아니고 사회적인 문제이다. 가정 경제는 물론 국가의 경쟁력마저 위협하는 주범이면서 동시에 미래를 위해서는 꼭 함께 가야 할 친구이다. 어떻게 하면 비용은 적게 들이고 효과는 크게 보면서 이 친구와 친하게 지낼 수 있을까?

시험 성적을 중시하는 우리나라 영어교육의 문제점은 12년의 학교수업 외에 학원수업 과정을 거친다 해도 실제 영어사용 능력은 기대에 훨씬 못 미친다.

스웨덴에 본사를 둔 세계적인 교육기업인 에듀케이션 퍼스트 (Education First)에서 매년 각 나라별 영어 사용능력을 평가하는데, 2018년에 발표한 자료에 따르면 88개 국가 130만 명의 시험 응시자 가운데 우리나라는 31위에 머물렀다는 사실이 이를 뒷받침 한다.

영어교육을 위해 국가적으로나 개인적으로 엄청난 비용과 시간을 들인 것에 비해서 초라한 성적표가 아닐 수 없다.

뿐만 아니라 대학을 졸업해도 취업을 위해 또다시 학원이나 어학연수 등으로 막대한 비용이 들기 때문에 경제적 부담으로 다가와 서민들의 시름을 더하고 있다.

영어 교육 환경에 대해 생각할 점

영어는 배우기 어려운 외국어→오랜 시간 꾸준한 반복 연습이 필요하다
대부분의 공부는 원리에서 출발해 실용으로 가지만, 영어는 처음부터 실용에서 출발한다. 예를 들어 수학에서 원의 넓이는 원의 반지름×반지름×3.14($S = \pi r^2$)로 구한다는 것을 배웠다면 야구공만한 크기의 원이든 태양만한 크기의 원이든 반지름의 크기만 알면 모든 원의 넓이를 알 수 있다. 마찬가지로 삼각형의 넓이를 구하는 공식을 이해하고 있다면 어떤 삼각형의 넓이도 다 구할 수 있다.

하지만 영어에서 원리라고 할 수 있는 문법을 배웠다고 해서 모든 영어 표현을 할 수 있는 것은 아니다. 수학이나 과학처럼 머리로 생각하고 계산해서 결과를 도출하는 것이 아니라 철저하게 경험되고, 연습을 거친 표현만 할 수 있다는 것이 영어를 비롯한 외국어 공부의 특징이다. 따라서 집에서, 학교에서, 식당에서, 야외에서 등 수많은 상황에 맞는 적절한 표현을 두루 연습해야 하기 때문에 다른 공부보다 시간과 노력이 훨씬 많이 들어간다.

미 국무성 산하 외국어 교육기관인 FSI(Foreign Service Institute)에 따르면, 외국어로 모든 일을 처리할 수 있는 외국어 전문가를 양성하려면 적어도 4,300시간이 필요하다고 한다. 일주일에 5일 동안 하루에 한 시간씩 공부한다고 해도 무려 17년이라는 시간이 걸리는 셈이다. 하지만 우리나라의 경우 초등학교에서 대학의 교양영어 시간까지 다 합쳐도 900시간 정도에 지나지 않는다. 따라서 영어는 단기간에 끝낼 수 있는 속성 과목이 아니라 시간을 두고 꾸준히 공부해야 하는 과목이다.

한국은 영어 사용 국가가 아닌 EFL 환경이다

영어를 배우는 환경은 크게 세 가지로 나뉘는데 모국어로 영어를 배우는 경우와 제2언어로 배우는 경우, 그리고 외국어로 배우는 경우가 있다. 미국, 영국, 캐나다, 오스트레일리아 같은 나라에서는 영어를 모국어로 배우며, 홍콩, 싱가포르, 인도, 필리핀 등과 같은 나라에서는 제2언어(ESL : English as a Second Language)로 영어를 배운다. 그리고 한국, 중국, 일본 등에서는 영어를 외국어(EFL : English as a Foreign Language)로 배운다.

제2언어로 영어를 배우는 나라의 경우에는 초등학교만 졸업해도 영어로 기본적인 의사소통이 가능하다. 그것은 학교에서 배운 영어를 실생활에서 바로 사용하기 때문이다. 하지만 외국어로 영어를 공부하는 한국이나 일본에서는 10년을 넘게 배운 대학생이라도 의사소통이 쉽지가 않다. 배운 것을 사용할 수 있는 환경이 안 되기 때문이다.

따라서 영어를 공부할 때는 시청각 자료와 멀티미디어를 다양하게 활용하여 흥미와 성취감을 느낄 기회를 많이 제공해 주어야 한다. 또한 영자신문 기사를 교재로 활용하는 English NIE(English Newspaper In Education), SNS 등과 같은 실생활과 밀접한 교육적 환경을 조성해서 EFL 환경을 극복하도록 해야 한다.

우선 재미있게 시작해야

초등 영어 교육에서 첫째로 중요한 것은 영어에 대한 흥미를 유발하는 것이다. 영어에 흥미를 가지며 의사 소통을 할 수 있는 기본 능력을 기르기 위해서는 먼저 영어 공부가 쉽고 재미있어야 한다. 흥미를 유발하기 위해서 게임, 놀이, 역할극, 노래, 챈트(chant) 등의 방법을 많이 사용하는 것이 바람직하다. 영어를 처음 배우는 유아나 초등학교 저학년 경우에는 멀티미디어 교재가 대단히 효과적이다.

취학 전 아이에게 한글을 가르치는 것처럼 영어를 처음 가르칠 때 문자 언어부터 시작한다면 아이는 금방 영어에 싫증을 내고 만다. 아이들이 우리말을 충분히 알아듣고 말하기가 되어 있을 때 한글을 접하기 시작한다는 사실을 잊지 말자. 이제 막 옹알이를 시작한 아이에게 한글 카드를 들이대며 문자 공부를 시킨다고 생각해 보자. 결과는 어떻게 될까.

이렇듯 처음에는 음성 언어부터 시작해야 하는데 앞에서 언급한 바와 같이 EFL 환경인 우리나라에서는 음성 언어를 체계적으로 익힐 만한 환경이 조성되어 있지 않다. 그렇기 때문에 멀티미디어 교재를 통해 부분적이라도 영어 사용 환경을 만들어주는 것이 바람직하다. 멀티미디어 교재를 활용하면 게임식으로 공부하여 재미도 있고, 원어민 음성을 통해 발음도 배울 수 있다. 그리고 챈트나 노래를 통해 문형과 억양을 익히기 때문에 학습 성취도가 높고 자신감도 커지게 된다.

영어 실력도 독서에서 나온다

영어에 어느 정도 흥미와 자신감이 붙을 즈음이면 바닷물에 뛰어들기 위한 준비 운동을 한 셈이다. 이제부터는 영어의 바다에 뛰어들 차례이다. 외국인이 서툰 발음이지만 적절한 단어를 선택하여 어순에 맞게 우리말을 구사한다면 한국말을 잘한다고 한다. 물론 발음도 정확하면 두말할 나위가 없지만. 마찬가지로 영어를 잘하기 위해서는 어휘의 선택이 자유롭고 어순에 대한 부담이 없어져야 한다. 이를 해결하기 위해서는 다양한 표현과 단어에 대한 이해가 필수적인데 스토리북(story book)이나 리딩(reading) 교재가 제격이다.

우리말도 남과 대화를 하거나 책을 읽으면서 새로운 어휘나 표현을 알아가게 된다. 이렇게 알게 된 말은 쉽게 잊혀지지 않으며 자신의 언어가 된다. 영어도 예외가 아니다. 스토리북으로 듣고, 읽고, 말하고, 쓰는 과정을 통해 자연스럽게 문장과 단어를 익히고 영어의 어순을 받아들이는 것이 최선의 방법이다.

어려서 많은 책을 읽은 아이들이 상급 학교에 진학해서도 적응을 잘하는 이유는 독서를 통해 얻은 지력(智力)이 어려운 학문을 쉽게 이해하도록 돕기 때문이다. 영어 역시 책을 통한 간접 경험과 어휘 확장 그리고 다양한 문형의 연습이 큰 힘이 될 수 있다.

앞에서 언급한 대로 교육 과정과 입시 제도의 모순 때문에 영어 사용 능력을 키워줄 수 있는 최적의 시기는 내신과 입시의 영향을 받지 않는 초등학교와 중학교 1학년까지이다. 대학에 들어가고 사회인이 되어서도 자유롭게 영어를 사용하며 학문 활동과 사회 활동을 하는 데 아무런 지장이 없도록 영어 교육 목표를 좀더 넓고 긴 안목에서 설정하자. 단순히 학교에서 영어 시험 잘 보고 수능 성적이 잘 나오게 하는 것으로 했다가는 큰 낭패를 보게 된다. 엄청난 영어 교육 비용의 지불에 따른 경제적 손실과 아이가 두고두고 받아야 할 정신적 스트레스를 줄이기 위해서라도 제대로 된 목표 설정이 필요한 것이다.

영어는 공부가 아니라 연습이다. 영어는 지식을 쌓듯이 탐구한 사람보다 많이 경험한 사람이 더 잘한다. 그래서 영어를 공부로 생각하지 말고 처음부터 연습으로 생각하고 끊임없이 노력해야 한다. 지금부터는 책을 통한 연습 방법을 소개해 보고자 한다.

스토리북을 활용한 듣기와 말하기 연습

먼저 들어야 한다. 많이 들을수록 좋다. 듣기를 많이 하되 이것저것 듣는 것보다는 한 가지를 정해놓고 반복해서 듣는 것이 좋다. 영어를 시작할 때 빨리 익히게 하고 싶은 마음에 여러 종류를 선택하여 많이 듣게 하는 경우가 있다.

하지만 영어는 늦게 출발할수록 천천히 다지며 나아가야 한다. 시작할 때에는 가속도가 붙지 않아 힘들기 때문에 어느 정도 속력이 날 때까지는 부모의 인내심이 필요하다. 처음에는 듣기가 매우 중요하며 한 가지를 정해놓고 귀가 뻥 뚫릴 때까지 듣게 해주어야 한다. 초등학교 저학년의 경우 100단어 정도의 책을 선정해서 약 50번 정도 듣게 하면 원어민의 억양과 발음을 그대로 따라서 할 수 있게 된다. 여기서 말을 할 수 있다는 것은 자기의 생각을 표현하는 것이 아니고 반복해서 들은 내용을 앵무새처럼 따라 하는 것이다. 그런데 아이들에게 처음부터 50번을 들으라고 하면 싫어하며 안 한다고 거부 반응을 보일 수 있으니 부모들은 온갖 지혜를 짜내야 한다.

목표 없이 무작정 들으라고 하면 아이들이 지칠 수 있으므로 다음과 같이 계획표를 만들어주고 한 번 들을 때마다 아이 스스로 표시하게 한다. 그리고 혼자 듣는 것을 힘들어 하면 부모가 같이 들어주거나 또래 친구들과 함께 듣게 해주는 것도 좋은 방법이다. 책 한 권을 한 달에 듣는 것을 목표로 하여 책을 4등분 한 후 일주일 단위로 1/4씩 듣게 하는데 아이의 소화 능력에 따라 1/3이나 1/2씩 할 수도 있다. 중요한 것은 하루의 목표는 반드시 채워야 한다는 점이다.

하루에 5번씩 듣고 3번씩 따라 읽는다면 6일이면 48번을 듣게 된다. 일요일은 쉬고 다음주에는 4등분한 다음 부분을 듣게 한다. 이렇게 4주 동안 하면 한 달 동안 책 한 권을 약 50번 정도 듣게 된다. 이 외에도 밥 먹을 때나 집에서 그냥 버리기 쉬운 시간에 흘려 듣는 것까지 더해지면 그만큼 귀가 열리는 시기는 앞당겨진다.

(0000년 00월) 스토리북 연습 계획서

나와의 약속
1. 영어 연습 시간을 꼭 정한다.
2. 목표 달성 못하면 먹지 않는다.
3. 매일 엄마에게 확인받는다.

교재명 :
연습 시간 :

과정＼요일	월	화	수	목	금	토 / 일
날짜						
쪽수						
듣기 (매일 5회)	○○○○○	◇◇◇◇◇	□□□□□	♧♧♧♧♧	☆☆☆☆☆	△▽△▽
따라 읽기 (매일 3회)	○○○	◇◇◇	□□□	♧♧♧	☆☆☆	△▽△
쓰기	단어(5회)○ 본문(1회)○	단어(5회)◇ 본문(1회)◇	단어(5회)□ 본문(1회)□	단어(5회)♧ 본문(1회)♧	단어(5회)☆ 본문(1회)☆	단어(5회)△ 본문(1회)▽
부모 확인						

위 계획표는 1개월 단위로 작성하는 것인데 여기서는 일주일 분량만큼만 예로 들었다. 계획이 없으면 아이들이 해도 그만 안 해도 그만으로 생각하기 때문에 반드시 계획표를 만들어서 실천하는 것이 좋다. 이 계획표대로 실천하다 보면 성취감이 생기고 그것이 또 새로운 동기 유발이 되어 오래도록 지치지 않고 할 수 있다.

　밥 먹는 시간을 정해놓듯이 영어 연습 시간도 반드시 일정하게 한다. 날짜와 쪽수도 아이 스스로 쓰고, 듣기를 한 번 할 때마다 아이 스스로 표시하도록 한다. 따라 읽기를 할 때에는 한 문장씩 듣고 일시 정지한 후 큰 소리로 따라 읽게 한다.

따라 읽기를 시키는 이유는 영어를 음성 언어로 인식하게 하고 영어의 어순을 자연스럽게 받아들이게 하기 위함이다. 또한 한 문장 한 문장 읽을 때마다 아이들에게 해석을 하도록 하면 영어 어순을 자연스럽게 받아들이는 데 방해가 되기 때문에 내용의 흐름만 알게 하는 것이 좋다.

위와 같이 듣기 다섯 번, 따라 읽기 세 번을 했으면 다음으로는 새로운 단어를 다섯 번 쓰고 뜻을 쓴다. 그리고 본문을 노트에 한 번 쓰면 하루 연습이 끝난다. 그러고 나서 반드시 부모가 확인해 주어야 한다. 이 확인은 아이가 잘했나 못했나를 감시하는 것이 아니라 칭찬과 격려와 관심의 표현이다. 작지만 이러한 부모의 역할이 아이에게 평생 남을 학습 재산을 물려주는 것이 된다.

이렇게 일주일 단위로 학습 범위를 바꾸어가며 매일 듣기, 따라 읽기, 단어와 본문 쓰기의 과정을 밟아 나가고, 귀가 어느 정도 트이면 들으면서 동시에 말하기를 해보는 것도 좋다. 이렇게 한 달이 지나면 아이들은 자신도 모르게 전체 내용까지 줄줄 외울 정도가 된다. 그리고 아이가 가장 자신이 있는 페이지를 정하여 집중적으로 암송하도록 한다. 아무리 귀로 알았다 하더라도 말을 해보지 않으면 자기 언어로 확고히 만들어지지 않는다. 그래서 아이들이 재미있어 하는 것을 골라 책 일부를 암기하는 것이다. 혼자서 암기하기가 힘들다면 친구들과 조금씩 나누어 외워 부모들 앞에서 작은 발표회를 여는 것도 좋은 방법이다. 이런 발표회가 아이들에게 성취감과 자신감을 불어 넣어주는 좋은 기회가 된다.

이렇게 듣고 말하기 연습에 적응해 갈수록 책의 단계를 조금씩 올린다. 적응이 빠른 아이는 한 달에 책 한 권을 끝낼 수도 있지만 그렇지 않은 경우에도 너무 욕심을 부리지 말고 여유를 갖고 나가는 것이 좋다. 40~50권 정도의 책을 앞의 계획표와 같이 꾸준히 듣기 연습을 한다면 350단어 정도의 책은 무난히 소화해 낸다. 어떤 공부도 다 마찬가지겠지만 특히 영어 공부는 인내심과 꾸준함이 승리의 열쇠이다. 수학은 단시일 내에 상위권까지 올라갈 수 있지만 영어는 시간이 실력을 말해 주기 때문에 결코 쉽게 따라잡을 수 없다. 스토리북 활용도 1~2년에 끝내려 하지 말고 초등학교 내내 습관처럼 하면, 적은 비용으로 영어도 배우고 외국 문화도 자연스럽게 익히는 일석이조의 효과를 거두게 된다. 하루도 빼놓지 말고 꾸준하게 듣고, 말하고, 읽고, 쓰는 것이 영어를 잘하는 지름길이다.

리딩 교재를 이용한 듣기와 말하기 연습

한 달에 두세 권 정도 읽을 수 있을 정도로 연습이 되어 있으면 단계별 리딩(reading) 교재를 갖고 공부하는 것도 좋은 방법이다. 리딩 교재는 픽션, 논픽션, 스포츠, 과학, 광고, 편지글, 설명문 등 다양한 형태의 글을 단편 형식으로 묶어놓은 것인데, 5~6학년 때부터 활용하면 좋다. 리딩 교재도 반드시 음성파일이 있는 것으로 선정해서 반드시 하루에 15회 정도씩 듣는 것을 기본으로 해야 한다. 리딩 교재를 잘 활용하면 듣기까지 동시에 해결하게 되고 각 단원마다 내용 이해를 묻는 지면이 있어서 작문에도 큰 도움이 된다. 내용이 짤막하기 때문에 책을 보지 않고 글 전체를 써보는 것도 작문에 좋은 방법이 될 것이다.

(0000년 00월) 리딩 연습 계획서

나와의 약속

1. 영어 연습 시간을 꼭 정한다.
2. 목표 달성 못하면 먹지 않는다.
3. 매일 엄마에게 확인받는다.

교재명 :
연습 시간 :

과정 \ 요일	월	화	수	목	금	토/일
날짜						
유니트						
듣기	○○○○○ ○○○○○	◇◇◇◇◇ ◇◇◇◇◇	□□□□□ □□□□□	♤♤♤♤♤ ♤♤♤♤♤	☆☆☆☆☆ ☆☆☆☆☆	△▽△▽△ △▽△▽△
따라 읽기	○○○○○	◇◇◇◇◇	□□□□□	♤♤♤♤♤	☆☆☆☆☆	△▽△▽△
쓰기	단어(5회)○ 본문(1회)○	단어(5회)◇ 본문(1회)◇	단어(5회)□ 본문(1회)□	단어(5회)♤ 본문(1회)♤	단어(5회)☆ 본문(1회)☆	단어(5회)△ 본문(1회)▽
부모 확인						

리딩 교재도 스토리북과 마찬가지로 철저하게 계획을 세우고 실천하는 것이 중요하다. 위의 표처럼 듣기는 하루에 10회, 따라 읽기는 5회, 단어 쓰기 5회, 본문 쓰기 1회를 기본 횟수로 하고 일주일에 두 개의 유니트를 하는 것으로 정한다. 그러나 개인차가 있으므

로 시작하기 전에 연습 시간과 분량을 생각해서 아이에게 부담을 주지 않을 정도로 정하는 것이 좋다. 리딩 연습에서도 무엇보다 중요한 것은 아이나 부모 모두가 끈기 있게 실천하는 것이다. 아이는 실제 듣고 따라 읽는 것을 실천하고, 부모는 매일매일 아이가 하고 있는지를 확인한다. 비가 오나 눈이 오나 바람이 부나 한결같은 실천 의지, 이것만이 난공불락인 영어의 요새를 점령한다. 한 가지 분명한 사실은, 영어로 된 책을 많이 읽으면 영어가 쉬워지고, 영어가 쉬워지면 실력은 저절로 올라간다는 것이다.

문법에 대하여

국어가 듣기, 말하기, 읽기, 쓰기, 국어 지식, 문학의 여섯 가지 영역으로 나누어져 있는 것처럼 영어에도 언어의 4영역과 문법, 그리고 문학이 있다. 우리 아이들이 국어를 어려워하는 것은 국어 지식을 포함한 국문법을 잘 모르기 때문이다. 그러니 까다로운 영문법이 우리 아이들에게 쉬울 리 만무하다. 문법은 나무로 말하자면 줄기와 같아서 영어 실력을 튼튼히 키워주는 중요한 역할을 한다.

앞에서 언급한 대로 영어책을 많이 읽으면 뿌리를 깊고 넓게 내리게 된다. 그러면 뿌리를 통해 흡수된 양분과 수분, 곧 표현과 어휘가 문법이라는 나무줄기를 타고 올라가 아름답고 무성한 잎, 곧 풍성하고 수준 높은 영어 표현이 가능해진다. 문법을 통해 영어로 생각하고 말하기, 자기 생각 표현하기가 한층 매끄러워지는 것이다. 이처럼 문법은 어느 정도 영어 사용 능력이 있을 때 배워야 효과를 볼 수 있는데, 거꾸로 배우게 되면 오히려 역효과가 나는 경우도 많다. 이를테면 충분히 알고 있거나 이해하고 있는 문장에 대해 문법적으로 접근해서 영어의 규칙성을 배워야 하는데, 이와는 반대로 문법적인 개념을 이해하기 위한 수단으로 문장을 공부하게 되므로 문법과 표현이 모두 어려울 수밖에 없다.

문법은 영어라는 외국어를 이해하기 위한 보조 수단이다. 따라서 적어도 초등학교 때만큼은 문법에서 벗어나 자유롭게 공부하는 것이 나중에 문법 공부를 하는 데 도움이 된다. 많은 책을 통해 다양하고 수려한 문장을 많이 접하고 어휘력을 증진시키는 과정을 통해 뿌리가 깊고 넓어지면 문법이라는 줄기는 자연히 크고 높이 자라게 될 것이다.

Memo

제3부

아이의

공부 저력 키우기

아이들의
꿈 키우기

아이들은 꿈을 먹고 자란다

아이들에게 꿈이 무엇인지 물어보면 저학년 아이들은 주저 없이 말하는 데 비해 고학년일수록 머뭇거리곤 한다. 커갈수록 이상보다는 현실이, 꿈보다는 성적이 더 가깝게 다가오기 때문이리라.

아이들에게 꿈을 갖자고 말하는 것은, 꿈의 결과보다는 꿈을 실현하기 위해 노력하는 과정과 꿈을 이루려는 열정이 더욱 중요하기 때문이다. 꿈이 없는 아이는 목표를 갖기 어렵고, 목표가 없는 아이는 어려움이 닥쳤을 때 좌절하기 쉽다. 공부도 크게 다르지 않다. 꿈이 있는 아이들은 공부해야 하는 이유를 안다. 이런 아이들은 누가 시키지 않아도 자신의 꿈을 실현하기 위해 스스로 노력한다.

부모가 아이에게 학습 동기를 부여하기 위해서 학급 1등이니, 전교 10등이니 하면서 성적에 대한 기대감을 표시하는 경우가 있는데, 이는 자칫 아이들의 꿈을 송두리째 빼앗는 결과를 가져오게 된다. 꿈을 이루기 위한 노력은 자신과의 싸움인데 1, 2등 운운하는 것은 불필요한 경쟁심만 키운다. 남과의 싸움에서 1등을 하면 목표가 없어지기 때문에 토끼와 거북이의 우화에 나오는 토끼처럼 우월 의식에 빠져 오히려 게을러지기 쉽다. 한 학급의 아이들이 모두 1등이 될 수는 없다. 그러나 모두가 꿈을 이룰 수는 있다.

공부하는 아이들의 모습은 흐르는 강물을 거슬러 올라가는 배와 같아서 끊임없이 노를 젓지 않으면 하류로 떠내려가게 마련이다. 그러나 무조건 노만 젓는다고 배가 저절로 앞으로 나아가는 것은 아니다. 상류라는 목표를 향해 힘차게 노를 저어야 물살을 헤치고 전진할 수 있다. 꿈 또한 등불과도 같아서 어둠 속에서도 길을 비춰주며 꿈이 사라지지 않는 한 열정은 식지 않는다. 꿈이 없는 자는 아무것도 이룰 수 없다. 그러나 꿈이 있는 자는 작은 것이라도 이룰 수 있다.

아이들에게 부모가 하는 말 가운데 가장 듣기 싫은 말이 무엇인지 물어보면 백이면 백 '공부하라'는 말이라고 한다. 공부를 왜 해야 하는지 별 생각이 없는 아이들은 무조건 공부하라는 부모의 말을 이해하지 못한다.

아이가 어릴 때는 부모가 같이 책도 읽어주고 공부하는 것을 옆에서 늘 지켜보기 때문에 위와 같은 현상이 나타나지 않는다. 그러나 아이가 커갈수록 학습량이 많아지고 내용도 어려워지면서 상대적으로 학습 지도를 해주는 엄마의 역할이 줄어들면 아이와 공부 문제로 실랑이하는 횟수가 늘어난다. 그래서 아이들에게는 학습의 동기를 부여해 주는 것이 필요하다. 공부를 해야 할 동기가 없는 아이들에게 공부를 강요하는 것은 짐을 잔뜩 실은 손수레를 아이는 앞에서 끌고 엄마는 뒤에서 미는 것과 같다. 나중에 오르막길이라도 만나면 둘 다 포기해 버리고 만다. 그러나 충분한 동기를 갖고 있는 아이는 어떤 상황을 만나든 자신이 정한 목표를 향해 지치지 않고 꾸준히 노력하게 된다. 그렇다면 동기 부여를 할 수 있는 방법 몇 가지를 살펴보자.

아이가 좋아하는 것부터 시작한다

논어에 "아는 것은 좋아하는 것보다 못하고, 좋아하는 것은 즐기는 것보다 못하다"고 했다. 그래서 아이들을 잘하게 하는 것보다 먼저 아이들이 좋아하는 것이 무엇인지 알아내는 것이 중요하다. 아이가 좋아하는 것은 아이의 적성과 관계가 있다. 그래서 아이에게 특별히 뛰어난 적성 분야가 있다면 일찍부터 그 분야를 집중적으로 계발시켜 주는 것이 다른 분야를 힘들게 시키는 것보다 아이를 위해서나 부모를 위해서나 좋은 일이다.

아이의 적성을 알아보기 위해서는 적성 검사를 하는 방법도 있지만 어린아이의 경우에는 관찰을 통해서도 알 수 있다. 하버드 대학의 하워드 가드너 교수가 주장한 다중지능 이론에 따르면, 인간의 능력은 음악 지능, 신체-운동 지능, 논리-수학 지능, 언어 지능, 공간 지능, 대인 관계 지능, 자기 이해 지능, 자연 탐구 지능, 실존적 지능 등 9개의 영역으로 나뉜다고 한다. 이 지능들은 서로 영향을 미치면서 독특한 성격을 가진 한 인격체를 형성하며, 각각의 지능은 어느 수준까지 계발시킬 수 있다는 것이 다중지능 이론의 핵심이다.

아이가 특별히 잘하거나 좋아하는 것은 그 분야의 지능이 다른 지능보다 발달해 있기 때문이다. 음악 지능이 우수한 아이는 소리에 민감하여 음높이를 쉽게 구별해 내며, 신체-운동 지능이 발달한 아이는 특별히 가르치지 않았는데도 운동을 잘한다. 크게 성공한 사람들은 부모가 어려서부터 자녀의 적성을 알아보고 능력을 계발시켜 준 경우라고 할 수 있다.

따라서 수학을 잘하는 같은 반 동석이나 피아노를 잘 치는 옆집 혜지와 비교해서는 안 된다. 다른 아이와 비교하기 전에 아이가 가지고 있는 적성을 찾는 것이 우선이다. 그 적성을 갖고 꿈도 꾸게 하고, 공부 방법도 찾게 해주어야 한다.

4학년인 병진이는 착하기는 하지만 공부를 시키면 10분도 집중하지 않는 아이였다. 학교 숙제는 물론이고 준비물 하나도 제대로 챙겨가는 법이 없었고, 시험지를 보면 틀린 것보다 맞은 것을 세는 것이 더 빨랐다. 공부를 시작하자마자 끝나는 시간만 기다리고 있을 정도로 공부와는 담을 쌓은 아이였다.

그런데 며칠 동안 병진이를 가르치면서 한 가지 가능성을 발견하게 되었다. 다른 과목은 10분도 집중을 못하는 아이가 과학은 재미있어 하고 많은 관심을 보이는 것이었다. 그래서 우선 과학만 집중적으로 탐구하도록 시켰다. 관련 단원의 부교재를 찾아 읽게 하고 조금씩 노트 정리도 하게 하였다.

그러던 어느 날 학교에서 돌아온 병진이는 얼굴에 웃음을 감추지 못했다. 학교에서 칭찬을 받았다는 것이다. 과학 시간에 아무도 모르는 문제를 맞추었다고 묻지도 않은 이야기까지 시시콜콜 말했다. 예습을 하니까 아이들이 모르는 것을 대답할 수 있어서 좋다며 이제는 먼저 책을 꺼내와 가르쳐달라고 졸랐다. 그러더니 다른 과목에도 조금씩 관심을 보이기 시작했다. 과학에 대한 관심이 선생님의 칭찬을 가져왔고, 선생님의 칭찬이 병진이의 공부에 대한 관심을 불러일으켰던 것이다. 1년이 지난 지금 병진이는 어느덧 공부 잘하는 착한 아이로 변모해 있다. 아이들에게 무조건 공부하라고 시키기 전에, 아이가 좋아하는 것이 무엇인지 생각해 보고, 우선은 좋아하는 것에 집중할 수 있도록 이끌어주자. 천리 길도 한 걸음부터라고, 공부는 자신이 좋아하는 것부터 하는 것이 순서다.

다양한 직업의 세계를 알려준다

초등학생들에게 직업 이야기는 너무 이른 것 아니냐고 말할지 모르지만, 그렇지 않다. 초등학교 졸업 후, 중·고등학교 생활이라야 고작 6년이다. 고등학생이면, 진로와 전공분야를 정해야 하고, 특성화고 등학교의 경우는 중학교 3학년 때 벌써 선택을 해야 한다. 따지고 보 면 아이들이 진로 문제를 본격적으로 생각해야 할 시기는 중학생 때 인 셈이다. 자신의 미래를 미리 생각하는 아이와 아무 생각이 없는 아이는 그만큼 목표 의식이나 공부에 대한 열정에서 차이가 있을 수 밖에 없다.

아이들이 꿈꾸는 직업에 대해서 그 이유를 물어보면, "멋있어서", "돈을 많이 벌어서"와 같이 아주 단편적으로 대답한다. 그 직업에 대 해서 잘 알고 있는 경우가 드물고 겉모습을 보고 막연한 환상을 갖 고 있는 경우가 대부분이다. 그런데 아이가 자라면서부터 이런 환상 이 깨지고 꿈이 흔들리게 된다. 나중에는 적성과는 상관없이 성적에 따라 진로를 선택당하게 된다. 이 때문에 많은 젊은이들이 사춘기 이후에 제2의 방황을 한다.

요즘 스타를 꿈꾸는 아이들이 많은 것은 다양한 미디어의 영향 때 문이다. 부모나 어른들에게 다양한 직업의 세계에 대해 들어보지 못 한데다, 강렬한 스타들의 몸짓이 아이들에게 엄청나게 큰 영향을 미 치는 것이다.

학자 집안에 학자가 많은 것은 아이들이 어려서부터 학자의 모습 을 보고 자랐기 때문에 그것이 동기 부여가 되어서 나타난 결과이 다. 따라서 부모가 원하는 직업을 아이들에게 강요하기 전에 먼저 다양한 직업을 갖고 살아가는 사람들의 모습을 보여주는 것이 중요하다. 아이들은 보고 들은 만큼 생각한다.

　직업의 세계는 너무나 다양해서 모든 것을 다 알려줄 수 없으므로 여러 직업의 특성을 쉽게 설명해 놓은 책을 아이와 함께 보고, 아이의 적성이 어느 분야에 맞는지 생각해 보게 한다. 아이가 관심을 갖는 직업이 있다면, 그 직업이 아이의 성격에 맞는지, 유망한 직업인지 더 자세히 알아보고 아이와 많은 이야기를 나누며 관심을 보여주어야 한다. 또 그 직업을 갖기 위해서는 어떤 능력이 필요한지, 그것을 갖기 위해서는 어떤 공부를 해야 하는지도 함께 알아볼 필요가 있다. 만약 아이가 국제 변호사를 꿈꾼다면 법률 지식과 영어 실력이 필요하다는 것을 알게 될 것이고, 자연히 학교 공부와 영어 공부의 중요성을 스스로 인식하게 될 것이다.

다른 아이가 아닌 자신과 비교하도록 한다

부모 입장에서는 잘하는 아이 이야기를 해주는 것이 자신의 아이에게 동기 부여가 될 것으로 기대한다. 하지만 아이는 남과의 비교를 통해서 자존심에 상처를 입는다. 이 경우 '나는 안 돼', '그 아이는 특별하잖아'라고 생각하며 오히려 포기하는 계기가 될 수도 있다.

　부산시 청소년 종합상담실은 〈자녀를 슬프게 하는 말〉 8가지를 소개한 적이 있다. 자료에 따르면 "너의 형은 안 그러는데 왜 그래" 등과 같이 형제 간의 비교하는 말이 자녀를 슬프게 하는 것으로 나타났다.

이 밖에 "나가버려"(홧김에 내뱉는 말), "다시 한 번 그런 짓 하면 그냥 안 둔다"(위협하는 말), "답답해 죽겠다"(재촉하는 말), "엄마는 화내고 싶어서 화내는 줄 아니"(변명하는 말), "너는 정말 어쩔 수 없다"(가능성을 부정하는 말), "너는 왜 그렇게 머리가 나쁘니"(결점을 비난하는 말), "너는 몰라도 돼"(무시하는 말) 등도 자녀가 듣기 싫어하는 말들이었다.

자녀가 무엇을 잘하는지 보다 다른 아이에 비해 얼마나 잘하는지에 관심을 갖는 부모가 많다. 성적으로 자녀를 다른 아이와 비교하면, 자기 아이의 장점을 제대로 볼 수 없다. 아이 입장에서도 부모 눈에 비친 자신의 모습에 자신이 없기 때문에 자신감을 잃게 된다. 아이가 잘되기를 진심으로 원하는 부모라면 다른 아이와 비교하지 말자.

칭찬이 자신감과 성취감을 낳는다

공부가 아무리 재미있어도 놀이동산에서 놀이기구 타는 것만큼 재미있겠는가. 그런데 공부는 1년 내내 할 수 있어도 놀이기구 타는 일은 일주일도 못되어 싫증 날 것이다. 분명 공부보다는 노는 것이 재미있지만, 노는 것도 오래 지속되면 식상해져서 그 재미의 강도를 더 높여야 하기 때문이다.

하지만 과정은 힘들어도 스스로 공부하면서 성취감을 맛보게 되면 그 성취감으로 1년을 하루같이 해낼 수 있다. 진짜 재미는 말초신경을 자극하는 데서 나오는 것이 아니라 성취감에서 나오는 것이다.

성취감을 맛보게 하는 방법은 아주 쉽다. 어떤 일이든 처음 시작할 때 있는 그대로를 인정해 주면 된다. 인정하는 최고의 방법은 칭찬이다. 특히 시작할 때 칭찬해 주면 누구도 예측할 수 없을 만큼 좋은 결과를 얻을 수 있다.

명희는 학교에서 처음으로 시를 배워 와 엄마에게 자랑스러운 듯 내보였다. 엄마가 보니 그 시는 어설프기 짝이 없었다. 그러나 그런 내색은 전혀 하지 않고 다음과 같은 대화를 나누었다.

명희 : (자랑스러운 듯이) 엄마! 학교에서 시 한 편 지었는데 선생님이 엄마한테 사인 받아 오라고 하셨어요.

엄마 : 아니, 우리 명희가 이렇게 시를 잘 썼단 말이야? 너무 놀랍다, 명희야. 너 이 다음에 훌륭한 시인이 될 것 같아. 아니 이런 시 쓸 생각을 어떻게 했니?

명희 : (엄마의 칭찬에 신이 나) 사실은요, 처음엔 어떻게 쓰는지 몰랐는데요, 엄마랑 바닷가에 갔던 일을 생각하니까 그냥 생각이 나서 썼어요.

엄마 : 그래? 그럼 이 시를 도화지에 옮겨 쓰고 그 옆에다 그림 좀

그려줘. 그러면 엄마가 액자에 끼워서 네 방에 걸어줄게.

명희는 말이 끝나기 무섭게 벌써 도화지를 사러 문방구로 달려 나갔다. 명희는 그 후에 시뿐만 아니라 어떤 글도 자신 있게 쓰게 되었다. 자신을 인정해 주는 엄마가 있었기 때문이다.

아이들은 작은 것에 큰 감동을 받는다. 특히 부모의 칭찬 한 마디는 아이가 감동받기에 충분하다. 감동을 경험한 아이는 슬럼프에 빠지게 되더라도 전에 해냈던 일을 기억하고 금방 일어설 수 있다. 나를 믿어주고 인정해 주는 한 사람만 있어도 아이는 좌절하지 않고 자신에 대한 믿음을 저버리지 않아 결국은 바라던 꿈을 이루게 된다.

자신감은 아이가 갖고 있는 재능보다 더 큰 능력을 발휘하게 한다. 그래서 어떤 일이든지 자신감을 갖고 하면 내면의 힘이 작용하여 큰 능력을 발휘하게 된다.

자신감이 있으면 공부 자세도 능동적으로 변한다. 공부가 꼭 힘든 것만은 아니라는 것도, 힘든 만큼 기쁨과 희열도 크다는 것을 알게 된다. 스스로 알아가는 기쁨, 그것은 느껴보지 않은 사람은 결코 알 수 없다. 이런 기쁨이 계속 쌓여가면, 공부 실력이 향상되어 작은 성취를 맛보게 되고 이 작은 성취가 더 큰 자신감으로 작용하여 어느덧 공부가 습관처럼 몸에 배게 된다.

스스로 공부하는
습관 만들기

공부 잘하는 아이들의 특징

공부 잘하는 아이들의 특징을 한마디로 말한다면 '스스로 공부하는 아이'라는 점이다. 여기서 스스로 공부한다는 의미는 선생님이나 부모의 도움을 받지 않고 독학을 한다는 뜻이 아니다. 자기가 해야 할 영역을 타율적이 아닌 자율적으로, 일시적이 아닌 지속적으로, 대충이 아닌 구체적으로 해 나간다는 뜻이다. 자율적으로 공부하기 위해서는 열정이 있어야 한다. 지속적으로 공부하기 위해서는 인내심이 있어야 한다. 그리고 구체적으로 공부하기 위해서는 집중력이 있어야 한다. 열정은 분명한 학습동기로부터 나오며 인내심은 공부습관과 자신감으로부터 온다. 그리고 집중력은 학습 환경의 영향을 받는다.

한국교육개발원에서는 서울 시내 고등학교 1·2학년 5,000여 명을 대상으로 설문조사를 실시하였다. 이 중 전국학력평가 성적이 상위 10%인 학생들은 하루 2~3시간 정도 책상에서 집중적으로 시간 계획을 세워서 공부하고, 교과목의 요점을 자주 정리하며, 자기주도적인 학습을 추구하는 경향이 강하게 나타났다고 한다.

	상위 10%	vs	하위 90%
- 하루 2~3시간 정도 책상에서 집중적으로 공부한다	74.0%	:	59.1%
- 시간 계획을 먼저 세운 후 공부한다	74.3%	:	53.1%
- 이해되지 않는 것은 끝까지 파고든다	92.8%	:	73.8%

(교육개발원 자료)

위의 결과는 그 동안 배운 것을 소화하고 탐구하는 자기주도적 학습 즉, 스스로 하는 공부를 얼마나 하느냐에 따라 성적이 크게 달라질 수 있음을 단적으로 보여주는 사례라 할 것이다.

초등학교 6학년이 된 아이에게 다음과 같은 잔소리를 한다면 서둘러 대책을 마련해야 한다.

엄마 : 너 숙제 했어, 안 했어? 왜 공부는 안 하고 빈둥대고 있어? 빨리 공부 안 해?

아이 : 엄마는 참, 조금 있다가 다 할 거예요. 그러니까 너무 걱정

하지 마세요.

엄마 : 엄마가 너를 몰라? 네가 평소에 혼자서 숙제도 잘하고 공부도 잘했으면 엄마가 왜 이런 잔소리를 하겠니? 잔말 말고 빨리 방에 들어가 공부해.

아이 : 조금 더 놀고 싶은데…….

엄마 : 내년이면 중학교에 들어갈 애가 그게 할 소리야? 그리고 네가 얼마나 많이 노는 줄 아니? 노는 시간에 반에 반만 공부해도 성적이 이렇지는 않았을 거야.

아이 : 쳇, 엄마는. 왜 지금 성적 얘기를 꺼내세요? 지금 방에 들어가서 숙제하고 공부할 테니까 이제 그만하세요.

아이의 성적이 최상위권에 들려면 6학년 정도면 엄마가 닦달하지 않아도 배가 고프면 밥을 먹듯이 누가 시키지 않아도 공부를 할 줄 알아야 한다.

초등학교 6학년인 희경이는 밖에서 신나게 놀다가도 공부할 시간이 되면 집에 들어와 책상 앞에 앉았다. 엄마, 아빠는 맞벌이 부부라 집에 아무도 없는데도 희경이는 하루도 거르지 않고 공부할 시간이 되면 공부를 했다. 희경이에게 공부는 일상생활의 일부분과 같아서 공부할 시간에 공부를 하지 않으면 견딜 수가 없었다.

희경이처럼 공부하는 습관이 되어 있는 아이들은 따로 학원을 보내거나 과외를 시키지 않아도 스스로 알아서 공부를 잘한다. 이렇게 자기주도학습이 가능하다는 것은 공부에 흥미를 가지고 있고 어휘력, 독해력과 같은 공부할 때 꺼낼 수 있는 학습능력도 갖추고 있으며 자기 나름의 공부방법이 있다는 의미이기 때문에 성적이 좋지 않을 수 없다. 반대로 엄마가 이거 해라, 저거 해라 체크하고 챙겨야 하는 아이들은 공부에 흥미도 없고 학습능력도 떨어지며 공부하는 방법을 전혀 모른다고 볼 수 있기 때문에 대부분 성적이 저조하다.

따라서 아이가 공부를 잘하는 아이가 되기를 바란다면 무엇보다 스스로 공부하는 습관을 바로 잡아줘야 한다.

공부가 습관이 된 아이

하루에 세 끼 밥을 먹지 않으면 배가 고파 견딜 수 없는 것처럼, 일정한 시간이 되면 어김없이 책상에 앉아 공부하는 아이는 이미 공부가 습관이 된 아이고, 이런 아이는 누가 시키지 않아도 스스로 알아서 한다. 이런 아이에게는 공부가 쉽다. 이런 아이는 꾸준히 일정한 시간 동안 공부하는 것을 당연하게 여긴다.

공부를 힘들어 하는 아이는 가끔 하는 이벤트처럼 공부하기 때문이다. 1년 내내 운동을 안 하던 사람이 어쩌다 등산이라도 하면 온몸이 쑤시고 아픈 것처럼, 이벤트로 공부하는 아이들은 몸이 쑤셔서 책상 앞에 오래 앉아 있을 수 없다. 습관은 고사하고 한두 시간도 집중해서 공부하는 것이 어렵다.

어떻게 하면 공부를 밥 먹듯이 할 수 있을까? 어떻게 하면 공부를 습관처럼 할 수 있을까?

가장 좋은 방법은 일주일 계획을 짜고 실천하는 것이다. 계획표에 따라 매일 공부하다 보면 어느덧 공부가 습관처럼 몸에 배게 된다. 하지만 단기간에 공부가 습관이 되기를 기대하지 말아야 한다. 최소한 1년 동안은 꾸준히 해야 성과를 볼 수 있다. 공부해야 할 이유가 분명하고, 이를 실천하기 위한 일일 계획이 있다면 이제 남은 것은 아이의 실행과 부모의 확인이다. 아이가 계획을 지속적으로 실천하기 위해서는 부모의 한결같은 관리가 무엇보다 중요하다. 부모의 작은 관심과 정성이 공부를 밥 먹듯이 하는 아이를 만든다.

일주일 계획표를 짜고 실천하라

일일 계획을 짜기 위해서는 매일 공부할 것들의 우선순위를 정하고, 공부 시간뿐만 아니라 분량까지 구체적으로 정해야 한다. 일일 계획은 아이들 특성에 맞게 짜야 하는데 시간보다는 학습량을 기준으로 잡는 것이 좋다. 그리고 아이들이 하루하루 실천했는지 매일 잊지 않고 확인하는 일이 무엇보다 중요하며 실천을 제대로 하지 않았을 때는 벌을 주고 혼내기보다는 원인을 알아보고 새로운 방법을 같이 찾아주어야 한다.

실제로 아이들과 연간 계획부터 일일 계획까지 죽 짜다 보면 아주 거창하고 멋진 계획표가 나온다. 하지만 끝까지 실천하는 경우는 참으로 보기 힘들다. 아이의 의지도 중요하지만, 무엇보다도 부모의 확인과 관리가 이루어지지 않기 때문이다. 아이의 실천 의지도 부모의 확인과 관리에서만 생겨난다는 사실을 잊어서는 안 된다. 엄마가 가족들을 위해 매일 아침, 저녁으로 식사를 준비하는 것처럼 아이들이 일일 계획에 따라 실천했는지 매일 확인해 준다면 아이들은 계획을 밥 먹듯이 실천해 갈 것이다.

4학년 1학기 학생의 일주일 계획 예

과정 \ 요일	월(7/22)	화(7/23)	수(7/24)	목(7/25)	금(7/26)	토(7/27)
독서	동화책 읽고 독서록 쓰기		역사책 읽고 독서록 쓰기		과학책 읽고 독서록 쓰기	쉬는 날
영어	스토리북 듣기 / 따라 읽기 1/5	스토리북 듣기 / 따라 읽기 2/5	스토리북 듣기 / 따라 읽기 3/5	스토리북 듣기 / 따라 읽기 4/5	스토리북 듣기 / 따라 읽기 5/5	
수학	1단원 중 1/3	학습지 1/2	1단원 중 2/3	학습지 2/2	1단원 중 3/3	
사회 과학	윷놀이 및 민속놀이 알아보기	동물관련 책 읽고 스크랩하기	문화재 알아보기	지층, 화석 조사하고 자료정리	경주 유적지구 자료 찾기	
숙제 일기						
부모 확인						

앞의 계획표는 학원에 다니지 않고 혼자 공부하는 아이를 기준으로 한 것이다. 일주일 단위로 일일 계획을 세우고 반드시 실천하도록 한다. 그리고 실천 결과를 아이가 반드시 체크하도록 하고 전체적인 결과를 부모가 확인하도록 한다. 여기에서 확인의 의미는 부모

가 아이의 학습 상태를 감시하고 통제하기 위한 것이 아니다. 아이들은 자신의 모든 행위에 대해 인정받고 싶어 한다. 그래서 아이가 열심히 하고 있다는 것을 부모에게 보이고 부모는 그것을 인정해 주기 위해 확인하는 것이다. 이러한 실천과 인정이 계속 이루어질 때 아이는 인내심을 갖고 계획을 실천해 갈 것이다.

확인의 또 다른 의미는 아이의 학습을 방해하는 요인이 무엇인지, 계획이 비현실적이지는 않은지 빨리 발견하여 해결해 주기 위한 것이다. 따라서 아이가 너무 힘들어 하거나 제대로 하지 못하는 경우가 많으면 계획을 수정해 주는 것이 필요하다. 그래서 토요일 오후에는 아이와 일주일 동안의 실천 결과를 보며 서로 반성하고, 다음 주의 계획을 좀더 현실적으로 그리고 구체적으로 세워야 한다.

일주일 계획 실천의 4가지 원칙

우선순위를 반드시 정한다
책상의 왼쪽에 그날 공부할 책들을 순서대로 쌓아놓고 한 과목씩 끝날 때마다 오른쪽으로 옮겨서 목표량을 확인하면서 공부하도록 한다. 이때 순서를 바꾸거나 이 책 저 책 뒤적이지 않도록 한다.

공부 시간보다 분량을 정한다
공부의 분량 없이 시간만 정해놓는 것은 목적지 없이 배를 타고 항해하는 것과 같다. 주의가 산만한 아이들은 시간만 때우려 들 것이다. 그래서 처음부터 너무 많은 양을 정해서 지치게 하지 말고 적은 분량이라도 꼭 일정량을 정해서 실천하도록 한다. 이렇게 하면 학습 효과뿐만 아니라 책임감도 길러지게 된다.

확인은 반드시 해야 한다

계획이 작심삼일이 되는 것은 확인이 없기 때문이다. 직접 아이를 만나지 못할 상황이라면 전화를 통해서라도 확인을 해야 한다. 아무도 알아주지 않고 자기만 힘들게 공부하고 있다고 생각하는 아이는 지치기 쉽다. 이때 부모의 '확인'이 아이에게 감시하는 느낌을 주지 않도록 주의해야 하며, 오히려 아이가 힘들게 공부하는 것을 부모는 다 알고 있다는 공감대를 형성하도록 노력해야 한다.

실천 결과에 따른 보상을 해준다

실천을 지속하기 위해서는 적절한 보상이 뒤따라야 한다. 이를테면 아이가 스스로 실천할 때마다 부모가 스티커를 붙여주고 스티커를 다 모으면 선물을 주는 것도 좋은 방법이다.

스스로 학습을 방해하는 요소들을 제거하라

아울러 일주일 학습계획표를 효과적으로 활용하려면 아이의 공부를 방해하는 요소들을 말끔하게 제거해주는 노력이 필요하다. 많은 부모들이 아이에게는 공부하라고 강요하면서 정작 부모를 비롯한 가족들은 TV, 잡지, 만화를 보거나 음악을 듣거나 게임을 하는 경우가 많은데, 이런 환경 속에서 아이는 쉽게 공부에 집중할 수 없다. 대개 가족들이 뭐하나 이리저리 기웃거리다가 공부할 시간을 다 써버린다.

따라서 아이의 공부를 방해할 만한 물건들, 이를 테면 TV, 게임기, 컴퓨터, 만화, 스마트폰 등은 눈에 보이지 않는 곳에 두도록 하자. 특히 TV는 아이의 학습을 방해하고 생각하는 힘을 앗아가는 주범이므로 TV 시청은 가급적 삼가고, 정 보고 싶을 경우에는 TV를 가족들의 공용 공간인 거실이 아니라 부부만의 공간인 안방으로 옮겨 시청한다. 아니면 가족 모두 TV보는 시간과 프로를 정해놓는 것도 TV에 의해 아이의 학습이 방해 받지 않는 좋은 방법이다. 단, 이 방법을 이용하려면 부모가 솔선수범하여 정해진 규칙을 엄격하게 지키는 모습을 보여줘야 한다. 그래야 아이들도 정해진 시간이 다 되거나 정해진 프로그램을 다 보고 난 후에 과감하게 TV를 끈다.

자기주도학습은 자신감에서 나온다

무엇보다 아이의 공부습관을 키워주려면 자신감을 심어주는 것이 중요하다. 자신감은 공부뿐만 아니라 모든 면에서 필요한 정신능력이다. 자신감이 있어야 목표도 생기고 계획도 세우며 실천할 수 있는 힘이 있다.

반대로 자신감이 없는 아이들은 공부습관을 바로 잡기가 힘들다. 보편적으로 정서적으로 불안정할 때 자신감이 부족하게 된다. 이렇게 되면 시간관리, 즉 자신이 세운 계획에 맞춰 스스로 공부를 잘하지 못한다.

실제로 학습전략 검사를 해보면 자신감이나 효능감이 없고, 우울, 짜증, 불안이 많은 아이들이 집중력, 이해력, 기억력도 떨어지고 자신이 좋아하는 과목만 공부하며 시험 준비를 잘 하지 않는 것으로 나타난다.

실제로 최상위권 아이들을 보면 대부분 스스로 공부하는 습관을 가지고 있다. 그러니 늦어도 초등학교 6학년 때까지 스스로 공부하는 습관을 키워주어 과목 수가 늘어나 공부할 양이 방대해지는 중학교, 고등학교에 올라가서도 어렵지 않게 공부할 수 있도록 도와주자.

그리고 아이의 자신감을 키워주기 위해서는 마음의 밭을 갈아주어야 한다. 모든 일이 마음먹기에 달려 있다고 하듯이 아이들에게도 학습에 대한 동기부여를 하려면 마음을 잡아 주어야 한다.

명심보감에서도 '사람의 성품은 물과 같아서 물이 한번 기울어지면 돌이킬 수 없고 성품이 한번 흐트러지면 바로 잡을 수 없는 것이다. 물을 잡으려면 반드시 둑을 쌓아야 하고 성품을 옳게 하려면 반드시 예절을 지켜야 한다.'고 하였다.

성품이 올바르면 자신과 사물을 똑바로 바라보지만 성품이 올바르지 못하면 모든 것을 왜곡되게 바라본다. 시력이 좋아야 사물을 제대로 인식하는 것과 같이 마음의 눈을 떠야 옳은 것과 그른 것을 제대로 분별하게 된다.

올바른 성품은 정의로운 가치관을 가지게 하며 마음의 눈을 열어준다. 보다 멀리 보다 깊이 볼 수 있는 혜안을 통해 아이는 더욱 가치 있는 비전을 갖게 될 것이다.

반듯한 아이가
공부도 잘한다

가지치기의 필요성

나무를 잘 가꾸는 사람은 때에 따라 불필요하게 자라는 가지를 쳐내는 수고를 아끼지 않는다. 가지치기를 적절하게 해주면 나무가 반듯하게 자라고, 나이테의 무늬도 고르고 아름다워져서 나무로서 높은 가치를 지니게 된다.

우리 아이들도 때로는 아집과 이기심, 욕지거리 같은 불필요한 가지를 달고 다니는 경우가 있다. 그렇다면 나무 혼자서는 스스로 가지를 떨구어내지 못하듯이 우리 아이들에게도 누군가 아픔을 감수하면서 가지치기의 역할을 해주어야 하는데, 그 적임자는 말할 것도 없이 부모이다. 이런 작업은 어릴 때부터 빨리 해줄수록 부모들이 한숨 쉴 일이 없다.

아이들이 어릴 때는 어떠한 행동도 예쁘고 귀엽게만 보인다. 그래서 설령 아이의 입에서 거칠고 험한 말이 나와도, 할아버지의 수염을 잡아당기고 뺨을 때려도, 아직은 어리다는 이유로 웃으며 넘어간다. 흔히 어른들은 아이가 아무 뜻도 모르고 저런다며 나중에 말귀 알아들으면 그때 훈계해도 늦지 않다고 한다. 그러나 나이와 관계없이 훈계하지 않으면 20년이 흘러도 아이의 언행은 바뀌지 않는다. 내 아이가 좋은 열매를 맺는 거목이 되길 바란다면 어릴 때 따끔한 꾸중과 훈계를 아끼지 말아야 한다.

귀하게만 자란 아이와 엄격한 교육을 받아온 아이는 학교 생활에서 큰 차이를 보인다. 귀하게만 자란 아이들, 다시 말해서 아픔을 모르는 아이들은 타인의 고통을 이해하지 못한다. 이런 아이들은 이기적이기 쉽고 친구들 사이에서 따돌림을 받기도 한다. 친구들은 이런 아이를 보고 "항상 받기만 원하기 때문에 친구 하기가 싫다"고 말한다.

반면에 엄격한 교육을 받아본 아이, 곧 자신의 잘못을 부모에게 지적받고 회초리로 종아리를 맞아본 아이는 스스로 자신의 잘못에 대처하는 능력을 갖고 있다. 이런 아이들은 어려움에 부딪혀도 쉽게 좌절하지 않는다.

그래서 아이가 잘못했을 때에는 호된 꾸지람과 회초리로 잘못을 바로잡아야 한다. 단, 도덕적인 잘못을 저질렀을 때는 육체를 아프게 하여 행동을 고치게 하고, 그 외의 잘못에 대해서는 훈계를 통해 바른 가치관을 심어주길 권한다. 다만 사랑이라는 명분으로 매를 들

때에 부모들이 반드시 생각해 보아야 할 것들이 있다.

혹시 부모가 받은 스트레스 해소와 분풀이 수단으로 매를 들지는 않았는지, 감정이 복받쳐 아이가 잘못한 것보다 과도하게 때리지는 않았는지 생각해 보아야 한다. 공부는 챙겨주지 않고 어느 날 날아온 성적표 때문에 옆집 아이와 비교하며 욕심의 매로 때리지는 않았는지 되돌아보자.

이렇게 잡은 매는 매를 든 본래의 목적과는 달리 부모, 아이 모두에게 상처만 남는다. 아이는 부모의 감정을 느끼고 맞기 때문에 반성이 아닌 반항이 되고, 부모는 자신이 좀 심했나 싶어 불필요한 선물 공세로 매의 효과를 극도로 떨어뜨리는 경우가 많다.

매를 들 때는 화가 머리끝까지 올라왔을 때가 아니라 부모가 충분히 이성적인 상태일 때이어야 한다. 삐뚤어진 말과 행동을 했을 때, 아이의 잘못을 분명히 훈계하고 그래도 고쳐지지 않는다면 공정하고 타당한 회초리를 들어야 한다. 정아네는 '회초리 규칙'을 세워두고 있다.

이렇게 아이들과 의논하여 회초리의 규칙을 만들어놓고 훈계하니 아무런 문제가 없었다. 아이들은 싸우다가도 부모가 표를 꺼내와 보여주면, 갑자기 서로 껴안으며 어색한 몸짓으로 다정한 척하면서 "우리 안 싸웠지?" 하는 게 정아네 모습이다.

"공부 잘하라"보다는 "좋은 사람이 되어라"

한국교육과정평가원의 조사에 따르면, 자녀가 올바른 성품을 갖는 것이 가장 중요하다고 생각하는 부모 밑에서 자란 학생이 공부를 잘하는 것으로 나타났다. 부모와 자녀가 대화를 많이 나눌수록 학생의 성적도 올라가는 것으로 나타났다. 학년이나 과목에 상관없이 부모와 학생이 학교 공부나 진학에 관해 대화를 자주 하는 학생과 전혀 하지 않는 학생 사이의 과목별 평균 점수 차이는 매우 컸다.

이 밖에 초등학생의 부모가 중요하게 생각하는 학생 활동이 각 과목에 미치는 영향을 조사했는데, 모든 과목에서 '올바른 성품을 갖는다'가 '공부를 잘한다', '좋은 친구를 사귄다'보다 긍정적인 영향을 미치는 것으로 조사됐다. 이것은 공부를 잘하길 바라는 부모의 생각보다 올바른 성품을 갖기를 원하는 부모의 생각이 자녀의 성적에 훨씬 긍정적인 영향을 준다는 사실을 뒷받침하는 것이다.

공부도 중요하지만 더 중요한 것은 아이가 바람직한 인성(人性)을 갖는 것이다. 역설적이지만 "공부 잘하라"고 말하는 것보다 "좋은 사람이 되어라"고 말하는 것이 실제로 공부를 더 잘하게 만든다는 것이다. 성품이 올바르면 자신과 사물을 똑바로 바라보지만 성품이 올바르지 못하면 모든 것을 왜곡되게 바라본다. 시력이 좋아야 사물을 제대로 인식하는 것처럼 이 마음의 눈을 떠야 옳은 것과 그른 것을 제대로 분별하게 된다.

에너지 보존의 법칙은 자녀 교육에도 적용된다

지구에서 태양까지의 거리는 1억 5,000만 킬로미터나 된다. 걸어서는 약 4,000년, 시속 300km의 KTX 고속열차로는 약 60년이 걸리는 엄청난 거리이다. 이렇게 먼 거리에 있는 태양의 핵에서 핵융합 반응에 의해 발생한 에너지가 빛과 열을 내면서 지구까지 도달한다. 지구에 도착한 빛은 광합성 작용을 통해 물질로 바뀌고, 다시 동물이나 사람의 몸속에 들어가 몸을 움직이는 열에너지가 된다. 이렇게 빛이 물질로, 물질이 열로 바뀌는 걸 에너지 보존의 법칙이라고 한다.

겨울철에 앙상한 가지만 있던 나무들이 여름이 되면 무성한 잎을 자랑하게 되는 것을 보면서 빛이 물질로 바뀌는 현상을 실감할 수 있다. 도대체 저 무성한 잎들은 어디에서 왔을까 생각해 보면, 땅속에 포함되어 있는 양분과 수분 그리고 공기 중에 있는 이산화탄소가 나름대로의 역할을 했지만, 근원적인 에너지원은 태양임은 두 말할 나위가 없다.

태양의 핵융합보다 더 강렬한 교육적 열정과 자녀를 향한 뜨거운 사랑이 아이들에게도 필요하다. 부모의 태양이 불타고 있는 한 어떠한 형태로든 그 에너지는 아이에게 전달이 되어, 열정, 인내, 집중력 등과 같은 정신 에너지로 변환되고 마침내 좋은 결실을 보게 될 것이다. 에너지 보존의 법칙이 자녀 교육에도 성립하는 것이다.

어떤 부모들은 부모의 에너지를 다른 것으로 대체하려고 한다. 학원이나 과외 선생들이 부모의 역할을 해주기를 바라지만 어림없는 이야기이다. 잠시 전등을 켜는 것과 같은 효과는 줄지 몰라도 태양과 같은 생명력은 주지 못한다.

밭이 있어도 갈지 않으면 곳간이 비게 되고
책이 있어도 가르치지 않으면 자손이 어리석게 되네
곳간이 비어 있으면 세월이 고달프고
자손이 어리석으면 예의와 멀어지네
일하지 않고 가르치지 않아서 된 것이라면
이것이 부형의 책임이 아니고 누구의 것인가

당나라 때의 시인 백낙천의 시이다. 아이들이 공부를 하고 안 하고는 부모의 책임일 수밖에 없다는 이야기이다. 부모가 사회에서 일을 하며 살아가듯이 아이들은 공부를 하면서 살아가는 법을 가르쳐야 한다. 공부하는 이유를 알려주어야 하고, 공부하는 습관을 갖게 해주어야 하며, 공부할 수 있는 환경을 만들어주어야 한다. 밭을 갈때가 있으면 거둘 때가 있듯이 지금은 아이들의 마음의 밭을 힘써 갈아 좋은 밭으로 만들어줄 때이다. 그리고 씨를 뿌릴 때이다.

눈물을 흘리며 씨를 뿌리는 자는 기쁨으로 거두리로다.
—성경 시편 126편에서

Memo

Memo

Memo